現在のロシアの風景

モスクワ川から見たクレムリン

建設が進むビジネス・センター「モスクワ・シティ」

モスクワ市内にある世界有数の天然ガス採取企業ガスプロム社

冬のサンクトペテルブルクの宮廷広場

アルハンゲリスク州，北の森

カレリア共和国のキジ島

ロシアの8連邦管区と主な連邦構成主体の位置

原稿作成：中馬 瑞貴

ロシアの政治と外交

横手慎二

ロシアの政治と外交（'15）

装丁・ブックデザイン：畑中　猛

s-36

まえがき

過去30年ほどの間に，ロシアは社会主義体制から資本主義体制の国へと変貌した。社会主義体制が存在していた時代には，ほぼ全期間にわたってソ連共産党がこの国の政治権力を独占していた。経済面でも，国家による計画と管理を基本として，市場経済のメカニズムを可能な限り排除していた。しかし1985年（昭和60）以降，そうした状況に変化を求めるようになり，1991年（平成3）にはついにソ連という国家そのものが消滅した。その後，ロシア連邦の成立後に採択された憲法体制では，大統領と国会議員（国家会議と呼ばれる下院の議員）を国民が直接選挙で選ぶようになった。また，経済面でも1992年以降，多くの国有企業の私有化が進み，私企業が市場経済のメカニズムの中で競争するようになった。この頃から，一見しただけでは，ロシアの政治と経済は欧米諸国のそれと区別がつかなくなった。

しかし，ロシアの現状をさらに詳しく見ると，欧米諸国と異なる面があることに気づく。例えば大統領は，1993年にロシア憲法が制定されて以来，定期的に行われた選挙によって選出されてきたが，その度に現職大統領が再選されるか，あるいは彼が推薦する候補者が選出されている。また，ワシントンに根拠を置く非政府組織「フリーダム・ハウス」が，専門家の評価に基づいて毎年発表する各国の市民の自由の評価では，「自由」，「部分的に自由」，「非自由」という三区分で，ロシアは2005年（平成17）から「非自由」の国と分類されるようになった。さらに，汚職が大きな社会問題になっている。例えばプーチン大統領が2012年（平成24）に議会に送った教書においても，「いかなるビジネス組織も，執行権力や立法権力，あるいは司法権力との近さによる特権を，その権力のレベルに拘わらず利用すべきではない」と率直に問題の存在を認めている。

以上に挙げた事例は，ロシア社会において繰り返し人々の関心を集めており，それだけ持続的で，深刻であることを示している。現在のロシアの政治に潜む特徴の一つがこうした現象にあると見ることができよう。それでは，どのようにこれらの否定的現象は説明されるのであろうか。実際，世界中のロシア政治の研究者がこうした現象に強い関心を寄せ，さまざまな仮説的解答を提示している。例えば，彼らの中には，社会主義体制から資本主義体制への転換という未曾有の改革に時間がかかるのは当然で，今後，時を重ねるにつれて，これらの現象はロシアにおいても目立たなくなるはずだと主張する者がいる。

これとまったく異なる解釈もある。例えば，歴史的に見てロシアでは欧米的な政治の運営がなされていた時代はほとんどなかったことを指摘して，そもそも欧米諸国と似たような政治体制を育むような政治文化が存在しないのではないかと主張する意見がある。こうした政治文化を重視する解釈では，ロシアでは個人主義的リベラリズムの伝統が弱く，パターナリズム（家父長的態度）が社会の中で大きな影響を及ぼし続けたことが，欧米諸国と異なる政治的秩序を生み出してきたと指摘するのが一般的である。

さらに別の解釈もある。それは，1980 年代末から1990 年代前半にかけて，国内政治，経済問題，エスニックな集団間の関係など，広範な分野で改革が一挙に進められた結果，国内に非常に鋭い意見対立が生じた事実を重視するものである。1993 年に採択された憲法は，大統領に非常に強大な権限を与えた。これがその後の政治経済体制の性格を定める上で決定的だったというのである。

これ以外にも，現在のロシア政治が抱える問題点を重視して，その原因を説明する解釈がある。それらの中で比較的よく知られているのが，ロシアが世界有数のエネルギー資源の輸出国である点に注目する説である。それによると，一般に産油国では国家を運営する資金がエネルギー資源の輸出によって確保できるので，国民から多額の税金を徴収する必要性が弱まり，それに対応して，広く国民の意見を反映しやすい政治システムを生み出そうとする下からの圧力も弱くなると言う。ロシアの政治も，このようなエネルギー資源輸出国の経済的構造に基づくもので，基本的に中東の産油国のそれと同じものだというのである。

はたして，これらの解釈のどれが，現在と未来のロシアの政治を最もよく説明するのであろうか。それとも，これらの解釈のどれもが一定の説明能力を持っており，政治の現状は複合的な要因を背景にしたものだと考えるべきだろうか。あるいは，ロシアの政治について，ことさらに問題面にばかり注意を集中する必要はないと考えるべきであろうか。

本書は，これらの疑問に直接的に答えることを目的としていない。しかし，以上に述べたようなロシアの政治の問題現象とそれに対する仮説的解釈に注目にして，その現状と問題点を理解しようとするものである。

社会の中で現実に起こっていることは常に多様で，多くの場合には包括的なデータを集めるのが困難なため，なかなか明確な因果関係を確認することができない。しかし現象が多様であり，データが完全でないからこそ，多くの人々が関心を寄せる社会的政治的問題とそれに対する仮説的解釈が，問題点を整理する際の手がかかりになると言えよう。以下では，欧米諸国や日本の政治を念頭に，それとどこが同じでどこが違うのかを考えつつ，ロシアの政治の現状を検討することにしたい。

2014年9月

横手　慎二

目次

1　基本的な社会経済状況

横手慎二

《目標＆ポイント》 ここでは，1980年代半ば以降のロシア（ソ連）において生じた大きな社会変動を概観する。この間の変動は，経済状態の悪化とか個々人の自由の広がりといった一方向的なものではなかった。ここで特に大きな意味を持ったのは，変動が始まる以前の時代の社会の独自性である。このために1980年代半ばに始まった改革が，政権（国家）と国民（社会）の関係そのものを大きく変えた点に注目したい。

《キーワード》 社会主義体制，政権と国民の関係，パターナリズム

1．市民生活の変化

（1）社会の変化

ロシアの統計資料を見ると，ソ連体制の中でロシアが政治的自立性を示し始めた1980年代末から現在までの間に，非常に大きな社会的変動が起きていたことがわかる。ロシアのGDPは1990年（平成2）から1995年（平成7）までにほぼ半分に縮小した。また，1992年には見方によるが，1,526パーセントというインフレを経験し，その後も1995年まで毎年ほぼ2倍の物価上昇を記録した。しかしそうした傾向は1998年（平成10）頃を境に変化し，物価の上昇率は顕著に低下していった。それとともにGDPもリーマンショックが起きる2008年（平成20）まで，およそ6から7パーセントの成長率を記録した。農業と工業の生産でも，ほぼ同様の傾向が見られた。

他の項目の統計ではどうであろうか。例えば平均寿命で見てみると，

1970年代以降で最も長かったのは1980年代半ば過ぎで，男64.9歳，女74.4歳を記録した。その後は短くなり，1994年には男57.5歳，女71.1歳まで低下した。しかし，それ以降はGDPの変化と必ずしも一致せず，1998年まで増大した後に，もう一度，縮小と増大の小さいカーブを描き，2010年代には男が約63歳，女が約75歳となっている。

また犯罪統計で最も目につく殺人と殺人未遂の各年の登録件数を見ると，次のような状態である。

表1-1　殺人・殺人未遂の登録件数の推移（下段が件数，単位千件）

1990	1991	1992	1993	1994	1995	1996	1997	1998	1999	2000
15.6	16.2	23.0	29.2	32.3	31.7	29.4	29.3	29.6	31.1	31.8

2001	2002	2003	2004	2005	2006	2007	2008	2009	2010
33.6	32.3	31.6	31.6	30.8	27.5	22.2	20.1	17.7	15.6

出典：Rossiiskii statisticheskii ezhegodnik　各年版。

明らかにここでも，1994年，95年頃に最初のピークに達した後に，少しだけ事態は改善方向に向かった。しかしその後，1999年頃に始まった犯罪件数の増加傾向は持続し，はっきりと減少に向かうのは2000年代半ば以降で，2010年以降になってようやく1990年の水準に戻った。

以上のごとく，統計データは全項目で同じ傾向を示していたわけではないが，それでも全体として，ロシア社会が1980年代末から1990年代前半にかけて非常に大きな変化の過程に入り，1990年代半ば，あるいは2000年代前半に最悪の状態に至り，その後ゆっくりと元の状態に戻っていったことを示している。

それでは，こうした変化を単一の原因で説明することができるだろうか。例えば，第一に挙げた経済活動の低下とその回復は，ロシア社会が

1980年代後半から社会主義経済から離脱する試みを開始したこと，そして2000年代後半までに，ともかくも資本主義経済のメカニズムが動き出したことによって説明できるだろうか。確かに，そうした説明はかなり説得力があるように見える。しかし，十分とは言えない。他でもなく，ロシアの主要な輸出品であるエネルギー資源の世界市場価格も無視できないと考えられるからである。石油価格は1980年代半ばから低迷して1998年（平成10）に底値をつけ，その後急激に上昇して行って，2006年（平成18）には低迷期の2倍を超えるようになった。この石油価格の変動は，ロシアのGDPの変化とかなりな程度，相関している。他方で，平均寿命と凶悪犯罪のデータは，1990年代前半にはGDPの変化と一致する傾向を示したが，それ以降の変化の軌跡は異なっている。以上からすると，経済システムの改革は社会の変動を引き起こした大きな要因であったと考えられるが，それだけではすべてを説明できないと言えよう。

（2）経済システムの改革

1980年代末からのロシア（1991年までソ連）の社会的変動の原因を特定化することはさしあたり困難であるが，経済システムの改革がその重要な要因であったことは否定できない。この時期にロシアにおいてなされた改革は，それまでの社会主義的経済システムを改め，市場経済を生み出す方向でなされた。その概要は以下のようなものであった。

まずソ連時代の1987年（昭和62）に国有企業法が制定され，企業経営者の自立性が高められた。これにより，経営者は生産物の価格をそれまでよりも自由に設定できるようになった。しかし，この改革は結果としてインフレ傾向を生み，企業と企業の間の債務高を増した。次に1990年（平成2）には，「500日計画」と言われる市場経済への移行プログラムがゴルバチョフ大統領の主導で採択された。それは基本的に，国有企業の私有化と急進的な市場経済の導入を内容とするものであった。しかし，このプログラムを翌年春から実行に移す段階になると，政府の内外から強い抵抗を受け，結局，ソ連体制では実施されなかった。

1991年（平成3）12月に社会主義体制が崩壊すると，今度はロシア政府が抜本的な経済改革に取り組んだ。それは大別すると，三つの政策からなっていた。第一の政策は，1992年1月2日を期して大部分の小売価格と卸売価格を自由化するというものであった。その際，一定の稀少資源と基礎的食品は例外とされた。先に言及した1992年のハイパーインフレーションは，基本的にこの政策が生み出したものだった。第二は，それまで国家が独占していた外国貿易の自由化である。これとともに，輸出入に関わる補助金や割当制を廃止し，貿易に関連するさまざまな規制を除去した。さらに，国民の保有するルーブルをアメリカ・ドルなどの外貨と交換することも自由にした。こうした政策の結果，モスクワなどの都市部では，輸入消費財が大量に出回るようになり，競合する国内製造業は非常に厳しい状態に置かれた。

第三の政策は，国有財産の大規模な私有化である。ソ連では長い間，国家計画局（ゴスプラン）が定めた生産目標を国有企業に遂行させる「計画経済」が採用されていたので，国内には市場において企業同士が自由競争する条件が欠如していた。そこでまず国家私有化委員会を組織して，中，小規模の国有企業や国有資産を査定し，それらのかなりの部分の所有権を移転する（つまり，企業や資産を売却する）準備を進めた。また同時に，1992年9月1日までに生まれたロシア国民全員に額面1万ルーブルの私有化小切手を配布し，それによって企業の株や国有資産を買えるようにして，売却予定の企業や資産の潜在的購買者を創り出した。この過程で政治的妥協が図られ，私有化される企業で働く労働者と経営者には，有利な条件で自分たちが働く企業の株を51パーセントも買うことが認められた。要するに，中小でも優良企業の経営者と労働者は，与えられた小切手を利用することによって，勤めていた国有企業を容易に獲得することができるような仕組みが創られたのである。

このような方式による私有化は一見すると平等であるが，明らかに企業の財務や資産状況に通じた者（企業管理者や高級官僚）や，1980年代に何らかの方法で一定の蓄財をしていた者に有利であった（1980年代後半からの改革で，90年代初頭には国民のごく一部に，かなりの財産を有する者が生まれていた）。不平等性は，小切手を利用した私有化が一段落し，次に競売方式で国有企業や資産を売却したり，財政難に陥っていた国家が，国有企業の株式を担保にして，一部の資産家から返す見込みのない融資を受けたりするようになると，いっそう顕著になった。こうした国有財産の所有権の移転では，政府と特別な関係を築いていたごく一部の者が，信じられないほど安い価格で資産価値の高い企業を手にいれる事態が起こった。

これと対照的に，大部分の国民は，配布された私有化小切手の使い途がわからず，ある者は換金して生活費の足しにし，別の者はそれを投資信託に回した。いずれにしろ，凄まじいインフレの中で国民の大多数が得た物はすぐに跡形も無くなった。国有企業にしろ，国有資産にしろ，ソ連国民が長い年月をかけて築き上げたものであったから，このような私有化の結果は非常に強い不公平感を社会に生み出した。この点は，その後のロシアの政治過程に有形無形の影響を与えている。

2. ソ連体制との違い

（1）ソ連時代の政権と国民の関係

1980年代半ば以降の変動を通じて，国民生活に生じたのは経済格差だけではなかった。国民が経験した変化の意味を理解するには，それ以前の体制における彼らの生活様式を知る必要がある。明らかに国民は，社会主義体制の下では資本主義国の国民とかなり異なる状態で暮らしていた。近年のロシア政治の研究では，この点に注目し，体制が1980年代半ばまでかなり安定していたのは，政権（国家）と国民の間に暗黙の協定が存在していたからだとする解釈が示されている。こうした解釈によれば，当時，大部分のソ連国民は，国家からさまざまな社会的経済的優遇条件を受けるのと引き換えに，体制に対する忠誠心や服従姿勢を示していたのであり，ごく稀にそうした条件の提供が遅れたり，悪化したりすることがあると，強い不満を表明したという。ここで言う社会的経済的優遇条件とは，具体的には以下のようなものを意味する。

第一に，失業の不安からの解放。ソ連社会主義体制では，企業は国家から支給される予算を利用して，労働者を多めに雇用しておくことが可能であったので，めったに彼らを解雇しなかった。この結果，「計画経済」を開始して以来，ソ連では失業者が存在しない状態が続いた。この代償として労働生産性が低下したのであるが，そのことはゴルバチョフがソ連共産党書記長として登場する1985年（昭和60）まで，真剣に対処されなかった。

第二に，無料の教育の提供。このお蔭で，中等教育修了者は1960年（昭和35）には100万人であったが，1970年（昭和45）には260万人になり，1980年（昭和55）には400万人となった。高等教育を提供する大学の数は，これに相応して増えなかったので，大学に入学できなかった者の中に不満が生じたが，それでも子供たちに経済的負担なしに教育を受ける機会を広く提供したことは，多くの国民に体制の利点とみなされた。

第三に，安い対価での生活必需品と社会サービスの提供。この点を制度的に支えたのが，国家がさまざまなレベルで創出した社会消費基金であった。国家はこうした基金によって，年金，就学前の児童の保育，子供の多い家庭への手当て，ほぼ無料の住宅などを国民に供与し，さらに公衆衛生を整備した。これらの措置の実際の効用や質についてはさまざまな評価があり得るが，ソ連時代を通じて多くの国民はそれを社会主義の社会保障政策として評価していた。

実際にソ連国民は，体制に忠実な態度を取る限り，以上のごとき財やサービスを国家から受け取ることができた。しかし言うまでもなく，そうした優遇条件を支えたのは，国家が経済を全面的に管理することによって徴収可能となった税金であった（一番大きな税収入は，生産者が国家に納入する際に得る価格と国民が消費者として支払う際に払う価格の差額として徴収された「取引税」であった）。したがって，経済の停滞は提供するサービスや財の質の低下をもたらした。上述した1980年代後半からの経済改革は，意図としては，政府（国家）が国民に供与してきた財やサービスの欠陥を改善し，その財政面の脆弱性を解決しようとするものであった。しかし，改革が社会主義体制の基本的条件を変更するにつれて，必然的にその財政的基盤を掘り崩すことになった。

（2）経済改革の政治的意味

ゴルバチョフによる社会主義体制の改革が進むと，次第に財やサービスの供与が滞るようになり，国民は強い不満を表明するようになった。とうとう1989年（平成元）夏には，ソ連の炭鉱地域で数十万人の炭鉱労働者が，賃金の引き上げや住宅条件の改善を求めて大規模なストライキを行った。ソ連では社会主義体制が確立した1930年代以降，労働者による大規模な組織的抗議は非常に稀にしか起こらなかったので，このストライキは社会に衝撃を与えた（ソ連国内の民族地域では，これ以前に大衆的規模の運動が起こっていたが，民族意識の問題など他の要素も関わっており，社会経済的条件の変化だけがその原因ではなかった)。

このとき政府はすぐに対応したが，すでに財政的基盤が悪化しつつあったので，労働者の不満を全面的に解消することはできなかった。こうして，1991年（平成3）3月から4月にかけて炭鉱労働者は前回と同様のストライキを組織した。また4月初めに，ゴルバチョフ政権が財政難を理由に食料品などを値上げすると，全国で不買運動や抗議運動が広がった。いずれの場合も企業レベルなどで一定の対応が取られたが，運動の側の要求が全て充たされることはなかった。結果として，国民のゴルバチョフ政権，さらには社会主義体制そのものに対する信頼を大いに弱めた。

1991年末にロシア連邦が成立しても，国民の生活は改善しなかった。むしろ翌年から抜本的な経済改革が始まると，生活条件はさらに悪化し，デモやストライキが頻繁に起こった。この時期のストライキに関する統計資料は事態を正確に反映しているとは言えないが，それでも，1991年のストライキ数は1,755件，延参加者は23万7,700人であったのに対して，1992年のそれは各々6,273件，35万7,600人であった。明らかこの期間にストライキは件数も参加者数も大幅に増大したのである。

しかし同資料によれば，1993年にはそれぞれ264件，12万200人となっており，以降も暫くは1992年の規模に達しなかった。これは，抗議活動を繰り返すうちに，労働者が次第に問題の根源に経済全体の混乱と低迷があり，ストライキでは状況が改善できないと理解するようになったからだと思われる。同時に，体制の転換によって，政府と国民の関係についてのこれまでの「常識」が通用しないという認識が生じていたことも確かである。すなわち，市場経済を導入することを選択した以上，もはや政府は，多額の補助金を出して生活必需品や社会サービスを安価で国民に提供し続けることはないとする認識が少しずつ広まっていた，あるいは政府サイドから意図的に広められていたと考えられる。

体制の転換に伴い，これまでの教育制度，年金制度，社会福祉制度などの改革が必要になり，社会保障の位置づけそのものが問題になった。この問題はどこの国でも大きな政治的争点となっているが，ロシアの場合には社会主義体制の時代に国家の介入度が非常に大きかったので，国民的コンセンサス生み出すのが特に困難であった。実際，2004年（平成16）にプーチン政権が，年金受給者や戦争功労者などに対して給付してきた公共交通の無料利用券などを廃止し，相応分を年金に上乗せするという政策を決めると，翌年初頭から2月までに全国各地で年金受給者などの抗議活動が広がった。慌てた政府は，急きょ年金の増額などを表明して対応した。ここで問題となった政府（国家）と国民の関係は，パターナリズムの伝統とも関わっており，現在まで大きな社会的争点となっている。

3. 都市と農村の変化

（1）都市部における変化

1980年代からの社会的経済的変動は，政治と経済以外の分野にも大きな影響を及ぼした。例えば，ゴルバチョフ改革により欧米の大衆文化が全面的に解禁されたことで，人々の生活スタイルは顕著に変化していった。この変化は特に都市部で劇的な形で現れた。モスクワでマクドナルドの一号店が1990年初頭に開業すると，多くの人々はそこで初めて速さを重視した接客態度に接し，アメリカ的大衆文化を痛感した。同じ頃から都市部では外国資本が続々とホテル業や小売業に進出し，街の景観を大きく変えていった。都市部に住む人々はファーストフード店やショッピングモールなどに行き，ソ連時代になかった消費生活を，家計が許す限りではあるが，楽しめるようになった。

生活スタイルの変化は，個々人の趣味やプライバシーに対する意識に変化を呼び起こした。ソ連時代には，共産主義の建設という目標やソ連共産党が定めた公共的課題優先のために，個人の趣味などは後回しにされがちであったが，体制の変化で人々はそうした目に見えない束縛から解放された。生活スタイルを変えようとする動きは，国外旅行や多様な趣味への関心という形で示された。書店では，欧米諸国の推理小説や恋愛小説の翻訳本や，園芸から自動車からコンピューターまで，多様な関心に応える雑誌が目に付くようになった。こうした事実からみて，人々が欧米的な個人主義的価値観を受け容れ始めたとまでは言えないが，ソ連社会の，どちらかと言えば相互扶助的で，緊密な人間関係を前提とした生活スタイルが都市部で急速に消失していったことは確かである。

都市部で見られた変化は以上に限られなかった。建設現場やレストラン，街路の片隅に建てられた露店で働く非ロシア人の姿が目につくようになったのも，この時期以降のことである。ソ連体制が崩壊し始めた頃から，旧ソ連独立国に住む非ロシア人が相対的に経済条件の良いロシアに職を求めて合法的，非合法的に入国し，長期間，在留するようになったのである。ソ連崩壊後も長い期間にわたってロシアと旧ソ連諸国の間の国境の管理を整備できず，国境が半ば開放状態であったこともこうした傾向を助長したのである。

旧ソ連地域の出身者でロシアに合法的，非合法的に入国し，就労を求めた人々の数は正確には把握されていないが，1990年代には毎年数十万人に上ったと推定されている。流入する人々の数は1998年の経済危機とロシア政府の規制強化策などによって影響され，一時は数万人規模まで減少した。しかし2006年（平成18）以降，政府が労働力の不足を移民によって補う政策に転じた結果，再び増大するようになった。こうした経緯から，2000年代後半のロシア国内には，旧ソ連地域出身の非ロシア人で非合法的に居住する者が400万人から600万人おり，そのうちの多くが仕事を見つけやすい都市部に住んでいると推定されている。

1990年ころから顕著になった非ロシア人の増大に，ロシア国民は当初は寛大であったが，次第に違和感や反発を表明するようになった。彼らはそうした感情をアジア系の人々に向ける場合もあったが，外観からカフカス系と見なされる人々に対して特に明瞭に示すようになった。こうした状況を背景にして，2006年半ばにカレリア地域の小都市コンドポガで，アゼルバイジャン人とチェチェン人などのカフカース出身者とロシア人の間で死傷者を出す騒乱事件が発生し，社会を震撼させた。この傾向はその後も収まらず，近年ではモスクワなどでも，同様の事件が目に付くようになっている。

（2）辺境地域と農村地域の状況

辺境地域は都市部と明らかに異なる状況にある。ここでは何よりも，市場経済の浸透とともに人口流出が始まった。社会主義政権は国土の平均的発展を図るために，辺境地域に優先的に財政的支援を行ってきたが，財政の悪化とともにその政策が困難になったのである。特に過疎化が目立つようになったのは，シベリアや極東などの東部地域と，ムルマンスクやアルハンゲリスクなど西北部地域であった。これらの地域を離れた人々が向かったのは，国内ヨーロッパ地域の都市部であった。特に経済状況が急激に変化したモスクワ市では人口が大幅に増加した。

市場経済の浸透に大きな打撃を受けたという点では，農村地域も変わらなかった。特に交通手段が乏しく，都市と隔絶した農村が過疎化する例は少なくなかった。しかし，農業人口そのものは1990年代半ばまで変化しなかった。国内経済が低迷化する中で，農業に従事していれば，ともかく食料だけは確保できると考える者が多かったからだと思われる。

表1-2　農業その他の就労人口の推移（単位100万人）

	1990	1995	1996	1997	1998	1999
全就労者	75.3	66.4	66.0	64.6	63.6	64.0
農業	9.7	9.7	9.3	8.6	8.7	8.5
林業	0.2	0.3	0.2	0.2	0.2	0.2
工業	22.8	17.2	16.4	14.9	14.1	14.3
建設業	9.0	6.2	5.9	5.7	5.1	5.1
運輸業	5.8	5.3	5.2	5.1	4.8	5.0
商業・飲食業	5.9	6.7	6.8	8.7	9.3	9.3
その他	21.9	21.0	22.2	21.4	21.4	21.6

出典：Tipy sel'skokhoziaistvennykh predpriiatii-proizvoditelei v sovremennoi Rossii, Otechestvennye zapiski, no.1, 2004, p.294.

人口の移動は相対的に小さかったが，農村地域でも社会主義体制の崩壊は大きな変化を及ぼした。何よりも，社会主義農業の特徴をなした集団農場が機能しなくなり，生産協同組合や株式会社などに再編された。さらに，集団農場の構成員であった農業従事者が自分の持ち分の農地を受け取り，個人農として起業する動きも起こった。ロシアでは帝政期においても個人農は少なく，土地は一般に農村共同体によって管理されてきたので，彼らの出現は多くの問題を引き起こした。しかし現在では，大小の農業企業と比較して個人農の生産性は高く，彼らの生産高は，農業全体の生産高の10パーセント程度を占めるまでになっている。他方で，農村地域では働き盛りの人々が農業を止め，都市に向かう事例も珍しくない。2000年（平成12）以降，政府は資金を供与し，農業の振興に努めている。

全体的に見ると，農業全体が国家から自立して，市場経済に対応するようになったと言うより，国家の財政的支援を受けて，農村地域はともかくも一定の安定を取り戻した状態にあると言えよう。

以上述べてきたように，1980 年代後半からロシア（ソ連）に起こった変化はきわめて広範なものである。それは多くの人々に，自分は何者であるのかというアイデンティティの問い直しを求めるほど甚大な影響を及ぼしたし，現に及ぼしている。現在の政治はこうした社会的経済的状態に大きな影響を受けているのである。

学習のヒント　現代のロシアの社会状況はマスコミなどによって断片的に伝えられているが，全体的な変化を考える必要がある。変化の出発点は社会主義時代にあるが，ここでは，その時代の政治を，国民の自由の抑圧のみではなかったと捉えている。

演習問題

1．ロシアの統計データを集めて，最近の経済状況や社会状況の変化を調べてみよう。
2．参考図書などを読んで，1990 年代のロシアの経済改革の時期に，社会の中で異なる立場にあった人々が，それぞれどのように対応をしたのか調べてみよう。
3．1980 年代の末から，ソ連ではエスニック集団同士の対立や抗争が起こるようになった。その背景に何があったのだろうか。民族意識の高まり，社会の自由化や経済的格差の広がり，外部からの新しい文化の流入による価値観の多様化など，多様な視角からこの問題を考えてみよう。

2　1993年憲法体制

横手慎二

《目標＆ポイント》　ロシアでは，大きな社会変動の渦中で新憲法が生み出された。このために，その条文は必ずしも社会の合意に基づいて作成されたとは言えなかった。しかし他方では，新憲法に国民の多くの希求が盛り込まれたこと，また，施行以降の政治に一定の規範性を有していることも確かである。ここでは，こうした憲法の条文と政治の関係に注目して憲法体制を検討する。権力の構造や連邦の構造に関する憲法の規定は，3章以下での議論と突き合わせて考える必要がある。
《キーワード》　ロシア国民，半大統領制，超大統領制

1．ロシア憲法の創出

（1）ソ連憲法体制からの離脱

ロシアでは1993年（平成5）末に新しい憲法が採択され，現在の政治体制の大枠が定められた。それ以前は，言うまでもなくソ連時代の憲法体制が支配していた。そこでまず，旧憲法体制がどのようなものであったか概観し，次に，その崩壊から新憲法の創出に至る過程を見ることにしよう。

ゴルバチョフは1985年（昭和60）にソ連共産党書記長になると，最初にマスメディアを利用して深刻な社会問題の存在を公然と認め，それに対処する姿勢を示した。この動きはジャーナリストや知識人を刺激し，改革を求める世論を創り出した。その三年後に，彼はソ連憲法で国家権力の最高機関とされていた最高会議の大幅な改組に着手した。ソ連

憲法では同会議は，立法，司法，行政の三権を統合する最高機関とされていたが，実際にはソ連共産党が決めた決定を追認する機関になっていた。ソ連共産党が支配する体制では，最高会議にこうした役割を果たさせるために，あらかじめ共産党内で決めた候補を競争候補のいない選挙で議員に「当選」させる仕組みを創り上げていた。そこでゴルバチョフは，人民代議員大会という国民代表機関を最高会議の外側に新設し，その定数の三分の二を一人区及び民族地域選挙区の通常の選挙で国民が選ぶよう提案した。

この提案が受け入れられ，1989年（平成元）3月に人民代議員の選挙が実施されると，各地で共産党を批判する候補者が当選する事態が生じた。そこでゴルバチョフは共産党以外にも自己の支持基盤を確保するために，人民代議員大会で選出される最高会議の議長に就任した。その後もソ連における政治改革は進み，1990年3月には人民代議員大会は，ソ連共産党を社会の指導的中核と定めていた憲法第6条を修正した。同時に大会は大統領制の導入を決め，ゴルバチョフを初代大統領に選出した。

ところで，ソ連においてなされた以上のような政治制度の改革は，当時ソ連を構成する15の連邦共和国の一つであったロシア共和国でも踏襲された。すなわち1990年5月にエリツィンは同共和国最高会議議長に就任し，さらに翌年6月に彼は大統領になった。このときエリツィンはゴルバチョフと異なり，ロシア共和国の国民の直接選挙によって大統領に選出された。こうして権力基盤を固めた彼は，ソ連共産党にも，またゴルバチョフ政権にも対立する立場を鮮明にした。

1991年8月にソ連共産党の最上層部にあった人々は，ゴルバチョフによる改革の先行きに不安を抱き，クーデタを組織した。これにエリツィンは敢然と立ち向かい，失敗に追い込んだ。この状況で，ゴルバチョフも，また最上層部がクーデタの首謀者となったソ連共産党も，国民の中で権威を失っていった。他方で連邦共和国は，それぞれソ連から離脱して独立国となる道を選択し，12月半ばに独立国家共同体を発足させた。こうして同月末にソ連は消滅し，その主権はこれらの国に引き渡された。

ゴルバチョフは最高権力者であった六年間にソ連憲法体制の基本部分を修正したのであるが，権力機関として代わりに創出したのは，人民代議員大会を基盤にした最高会議議長と大統領という二つの役職であった。両者は権力構造の頂点に位置したが，その権限関係は曖昧であった。その状態は，ロシア連邦共和国でも見られた。

（2）新憲法の制定過程

次に，ロシアにおける新憲法作成の動きを見てみよう。この動きは，エリツィンが最高会議議長に就任した翌月の1990年（平成2）6月に始まった。このときロシアの人民代議員大会は，彼を委員長とする憲法委員会の創設を決めたのである。当初，同委員会が招集した実務グループはソ連憲法体制の基本部分の取扱いをめぐって議論した。しかし，すぐにこの点は重要と見なされなくなり，1990年のうちに議会中心型国家か大統領制国家かという統治形態をめぐって議論するようになった。

さらに1991年になると，連邦制をどうするかという問題も重要な論点になった。この点をめぐっては，ソ連体制と同じく少数民族地域のみを連邦の構成単位とする案と，少数民族地域ばかりか州などの行政地域も連邦の構成単位とする案が選択肢として示された。こうした状況を受け，1991年12月に人民代議員大会は，新国家の名称を，それまでの「ロシア・ソヴィエト連邦社会主義共和国」から「ロシア連邦」と「ロシア」に改めることを決めた。ソ連体制との決別姿勢を示したのである。しかし，それでも憲法作成の作業は遅々として進まなかった。

作成過程を遅らせる主要な要因になったのは，最高会議議長ハズブラートフとエリツィンの対立であった。ハズブラートフは長く同会議の副議長としてエリツィンを支えてきたのであるが，人民代議員大会で議長に選出されると，同大会とそこから派生する最高会議が，政治の主導権を取るべきだと主張し始めた。最高会議議長と大統領の対立は，議会中心型か大統領制かという憲法草案の論点そのものに結びついた。また，1992年初頭に始まる市場経済導入策も，両者の対立を激化させた。

ハズブラートフを中心とする議会勢力は，急激なインフレを引き起こしつつあった経済改革に批判を強め，その変更を迫るようになったのである。前述したように両者の権限関係は曖昧であり，憲法には対立が起きたときの有効な打開策が規定されていなかったので，和解は極度に困難であった。それでも国内状況が深刻化した同年末に両者は一時的に妥協に向かった。エリツィンは，人民代議員大会の要求を容れ，より穏健な経済改革を支持するチェルノムィルディンを首相に任命したのである。

しかし，こうした動きも対立を完全に解消することはなかった。両者を最終的対決へと導いたのは，1993年（平成5）4月に行われた国民投票であった。この投票で，参加者の67パーセントが人民代議員大会の繰り上げ選挙を支持していることが明らかになると，エリツィンは議会勢力を迂回して新憲法の採択を図る方向に進んだ。9月に彼は，人民代議員大会と最高会議の機能を停止し，新たな議会と目論む連邦会議（上院）と国家会議（下院）の選挙を12月に行うと宣言した。これにハズブラートフたちが徹底抗戦の態度に出ると，彼は軍を呼び寄せ，議会勢力が立てこもる最高会議の建物を砲撃するよう命じた（一般に「10月事件」と呼ばれる）。これによって議会勢力の抵抗を押し切ると，エリツィンはすぐに憲法問題に終止符を打つ行動に出た。11月に大統領優位の規定を盛り込んだ憲法草案を公表し，12月に国民投票を実施したのである。

この投票で新憲法案が承認されたのであるが，実際に支持を表明したのは投票者の58.4パーセントに過ぎず，逆に41.6パーセントが反対を表明した。新憲法体制は非常に不安定な状況で発足したのである。

2. 憲法の規範的規定

(1) 憲法の基本的方向

以上に見てきたごとく，1993年（平成5）の憲法は厳しい対立の中で採択されたのであるが，憲法委員会とそれを支える大統領と人民代議員大会は，ソ連憲法体制から離脱を目指すという点では早くから一致していた。合意点は，骨子が早くにできていた憲法の前文において明瞭に示されている。すなわち，1993年憲法の前文は「われわれ，ロシア連邦の多民族からなる人民は，わが国において共通の運命によって結びつけられ，…現在と未来の世代に対する…責任に基づき，…ロシア連邦憲法を」制定すると記している。これに対してソ連時代のロシア共和国憲法の前文は，「ロシア・ソヴィエト連邦社会主義共和国の人民は，科学的共産主義の思想に導かれ，…この憲法を採択」すると謳っていた。明らかに1993年憲法の前文は，歴史的に形成されてきた共同体の構成員（すなわちロシア国民）が憲法の主体であることを明言することによって，共産主義イデオロギーに基づく旧憲法と異なる立場に立つこと表明したのである。

なお，1993年憲法は第3条でも，「多民族からなる人民」が「主権の担い手および権力の唯一の源泉」であると規定し，ロシア民族のみがロシア国民ではないことを確認している。

ソ連憲法体制と異なる方向を目指す姿勢は，1993年憲法の他の条文にも見ることができる。それらのうち，法治国家の規定と経済関係の規定は特に重要である（市民の権利と自由の規定は（2）で扱う）。

まず法治国家の規定は，1993年憲法に非常に念入りに記述されており，関係する条文が非常に多い。主なものとしては，ロシアは「民主的な連邦制の法治国家である」とする第1条，ロシア憲法と連邦的法律がロシアの「全領域において最高性を有する」とする第4条，三権の分立を規定する第10条，「国家権力機関，地方自治機関…は，ロシア連邦憲法及び法律を順守する義務を負う」とし，さらに「法律は，これを正規に公布しなければならない。公布されない法律は，これを適用しない」と規定する第15条，ロシア大統領は，就任の宣誓で「ロシア連邦憲法を順守し，かつこれを擁護」すると表明することを定めた第82条，裁判官は「独立であり，ロシア連邦憲法および連邦的法律にのみ従う」と規定した第120条，憲法裁判所の違憲審査権を定めた第125条が挙げられる。こうした規定は，旧憲法には存在しなかったのである。

経済関係の規定でも，1993年憲法は旧憲法との決別を明確に志向している。第一に所有権に関しては，第8条で「私的所有権，国家的所有権，地方自治体所有権その他の所有権を認め，これらを平等に保護する」と規定し，第35条で「私的所有権は，法律によってこれを保護する」，「各人は，個人でまたは他の人と共同で財産を所有し，それを占有し，使用し，処分することができる」，「相続の権利は，これを保障する」と規定し，さらに第36条で市民と団体が「土地を私的に所有できる」，またその所有者は，土地及び天然資源の占有，使用，処分を自由にできると定めている。これらの条文は，国家的所有と協同組合的所有を社会主義的所有制度の根幹とし，私的所有権を可能な限り限定してきたソ連時代の憲法体制を明確に否定しているのである。

同様のことは，労働についての規定でも言える。社会主義時代の憲法では，市民は労働をする権利がある（つまり，就労の機会を国家が保障する），逆に労働能力のある者は労働の義務を負うと規定していた。しかし，新憲法はまったく異なる規定を盛り込んだ。すなわち，「経済活動の自由」を保障する第8条，「各人は，企業活動および法律によって禁止されていないその他の経済活動のために，自己の能力および財産を自由に使用する権利を有する」と規定する第34条，「労働は，自由である。各人は，自己の労働能力を自由に使用し，仕事および職業を自由に選択する権利を有する」，「強制労働は，これを禁止する」と定める第37条などによって，市場経済に適合する法的環境の創出を目指したのである。

（2）人と市民の権利と自由

以上に対し，新憲法が定める人と市民の権利と自由を定める規定は，ソ連憲法体制を否定する姿勢ばかりか，新国家の国家権力を抑制する姿勢をも示すものとなっている。まず第2条は，人民の「権利および自由は，最高の価値である。人と市民の権利および自由の承認，順守および擁護は，国家の義務である」と定め，その総則的規定を謳っている。

この規定に続くのが第6条で，そこには市民は「憲法の定める全ての権利および自由を享受」する，また「国籍またはそれを変更する権利を奪われることはない」と規定されている。これは第2条の規定の一部を再度，確言したものと言える。ソ連ではかつて国民の国籍を剥奪した例があるので，このような規定を置いたものと考えられる。

また1993年憲法には，通常の欧米諸国の憲法でも認められていない権利が規定されている。それは，第15条にある「一般に承認された国際法の原則および規範…は，ロシア連邦の法体系の構成部分である」とする規定や，第24条にある「本人の同意なく人の私生活に関する情報を収集，保持，利用および流布することは，これを禁止する」，また国家権力機関などは，各人の「権利および自由に直接かかわる文書および資料について知る機会を保障しなければならない」とする規定である。これらはソ連時代の経験に基づいて作成されたものだが，一歩踏み込んで，新国家の目指すべき方向を示したものと言えよう。

次に，政治に直接的に関わる個人の権利や自由に関しては，1993年憲法の規定は，全体として欧米諸国のそれと同等の状態を想定している。例えば第13条は，イデオロギーの多様性，政治的多様性，複数政党制を認め，社会団体は法律の前に平等だと記し，第17条は「人の基本的権利および自由は，…生まれながらにして各人に属する」と規定し，第18条は，市民の権利と自由は，立法権，執行権，地方自治体の活動を規制する」と記している。これらは，「人身の自由およびその不可侵の権利」を認める第22条，良心の自由，信仰の自由を定める第28条，思想，言論の自由を保障する第29条，社会団体の活動の自由を定める第30条，市民が平和的に「集合し，集会，大衆集会および示威行為，行進およびピケッティングに参加する権利を有する」と規定する第31条などとともに，人々の自由な政治活動を保障するものである。

しかし，どこの国であれ現実の生活の中では，こうした権利と自由は無制限ではあり得ず，社会秩序の維持や公共の福祉などの社会的国家的要請とバランスを取ることが求められている。見てきたごとく憲法が鋭い社会的対立の中で採択されたロシアでは，このようなバランスを生み出すことが当初からきわめて難しかった。権力を行使する者は，バランスをとるという名目で，人と市民の権利と自由を制限する誘惑に駆られやすい状態にあった。他方で国民の側も，ソ連時代に許容された自由と権利についての記憶から，新憲法によって保障される権利と自由について確信が持てなかったものと思われる。こうして，市民の権利と自由の問題は，現在に至るまで激しい政治的対立の焦点となり続けている。これに関連する具体的事実については，以下の章の中で言及する。

個人の権利に関連して最後に付け加えるべき点は，社会主義時代に重視されてきた社会保障に関する規定である。新憲法はこの点に関して，第7条でロシア連邦は「社会国家である」と規定し，同条2項と第37条から44条までの条文によって，各種の社会保障を維持する姿勢を示している。しかし，そこで必ずしも国家が責任主体でないことを示すことによって，実質的にその内容をかなり変更している。社会主義体制からの離脱という事実のみならず，憲法制定時の国家の財政難という事情が，ここでは大きな意味を持ったものと考えられる。

3. 統治形態に関する憲法の規定

（1）権力の構造

1993年憲法はその作成の過程を反映して，明瞭に議会に対する大統領優位を定めている。ここで特徴的なのは，新憲法がアメリカなどで見られる大統領制ではなく，フランス，フィンランドなどの国々で採択されている半大統領制semi-presidential systemを採用したことである。この制度では，国家元首となる大統領と，議会によって信任される首相が行政権（執行権）を共有することになる。前者は国民の直接選挙によって選出されることに権威の源泉を見出し，後者はやはり国民の直接選挙によって選出される議会の信任を得ることに権威の源泉を見出すのである。単純化すれば，1993年憲法が定める統治形態は，日本やイギリスなどの議院内閣制とアメリカなどの大統領制の中間のものだと言える。

半大統領制における大統領と政府（首相及び閣僚）の関係は，決して一様ではない。両者と議会の三者の関係を定める規定によって，この関係は大きく異なるからである。フランスの場合には，これまで大統領と首相が異なる政党に属した状態で行政権を共有する状態も生まれている。ロシアの場合でも同様の状態は起こり得る。しかし，ごく稀にしか起こらないように憲法は定めている。この点で特に重要なのは，連邦議会の下院である国家会議の解散について定める憲法第111条と，連邦政府の総辞職と国家会議の解散を定める第117条である。

まず前者では，同条第1項は連邦の首相について，連邦議会の下院である国家会議の同意を得て，連邦大統領がこれを任命すると規定しているが，2項から4項において，同大統領は自分が提案する首相候補者を国家会議が三度拒否した場合には，自分が推す首相候補者を首相とし，国家会議を解散できると規定している。次に117条では，大統領が連邦政府の総辞職の是非を決めることができるとし，国家会議が多数決によって連邦政府に対する不信任を採択した場合には，大統領はこれに従って政府を総辞職させることもできるし，国家会議の決定を無視することもできると規定している。さらに，それでも大統領の無視の決定から三カ月以内に国家会議が再び連邦政府に対する不信任を表明した場合には，大統領は連邦政府を総辞職させるか，あるいは国家会議を解散して，選挙によって民意を問うことができると規定している。このような規定のために，大統領と首相が異なる政党に属する状態はごく稀にしか起きないと言える。

以上とは別に，ロシア憲法は第126条において，大統領からも議会からも独立した存在としてある連邦憲法裁判所に，両者の行為の違憲性を判断する権限を付与している。また第93条において，大統領を解任する手続きも定めている。その意味で三権分立を規定していることは確かである。しかし実際には，憲法は大統領の解任をきわめて実現困難にしている。すなわち，第93条によれば，国家会議は大統領が「国家転覆またその他の重大犯罪」をしたと判断したときに，大統領の弾劾を提起することができるとするが，大統領を辞めさせるには，国家会議の三分の一以上による発議と，両院のそれぞれの議員定数の三分二の多数の賛成という条件を充たす必要がある。これは実現困難な条件である。

この他にも大統領は，さまざまな権限が認められている。このうち特に重大なのは，大統領は大統領令を出すことができると定める第90条と，「ロシア連邦憲法，人と市民の権利および自由の保証人である」と規定する第80条である。後者は上記に続けて，大統領は「ロシア連邦の主権，その独立および国家的統一の保全に関する措置を講じ，国家権力機関の調整のとれた活動および相互作用を保障する」と規定しており，大統領に三権を超越する地位を与えているように見える。

以上の規定からわかるように，ロシアの半大統領制は大統領に非常に強い権限を与えている。このために，ときにロシアの権力構造は，超大統領制であると批判されているのである。

（2）連邦構造

1993年憲法は連邦構造についても規定している。連邦制に関連する条文は，大統領と議会の関係をめぐる規定とは異なり，新憲法の採択時点でも統一性を欠く状態にあった。そのため，1993年憲法制定後に連邦構造をめぐって，多くの問題が生じた。そこで，そうした論争を経て連邦構造を定める過程については第7章で扱うことにし，ここではソ連の連邦構造とロシアの連邦制の違いを中心に内容を見ておこう。

まずソ連憲法における連邦制は，ロシア革命の際の少数民族の民族自決運動に対処する中で制度化された。その最も大きな特徴は，ロシア帝国の周辺部に住む少数民族の独立国家と，中心部の最も大きな独立国家

（後のロシア連邦共和国）が自発的に結合するという建て前に基づいて生み出された点にある。このためにソ連の連邦制は，一般的な連邦federationではなく，建前上対等な主権国家の条約という形式を取った。そのことは，日本語以外の言語では明瞭である。すなわちソ連邦という名称の中にある「連邦」は，ロシア語のsoiuzu（英語のunion），つまり一般には「同盟」と訳される単語で示されているのである。

ソ連の連邦制は，理念的に主権を持つ国家の自発的結合体という建て前を取ったので，連邦を構成する国家はそこから離脱する権利を有することになった。そうした権利が実際に行使されることを防いだのは，ソ連において権力を独占していたソ連共産党であった。このような状況であったので，本章第一節で述べたように，ゴルバチョフによる共産党支配の改革は，必然的にソ連の連邦構造を変更する動きを生み出した。

ロシア連邦共和国はソ連と同じように多数の少数民族を擁していたので，独立したロシア連邦にも少数民族地域がある。当然ながら，ロシアの新憲法体制を生み出す過程では，ソ連の経験を踏まえて，こうした少数民族地域が分離独立を目指すことがないよう，周到な注意が払われた。まず，少数民族地域にある共和国，自治州，自治管区ばかりか，行政地域としてある州，辺区（クライ），特別市をともに連邦の構成主体とした。少数民族地域のみを連邦構成単位とすることで，独立運動を生み出しやすくしていたソ連方式を改めたのである。しかし，そのことは少数民族地域にある共和国の地位を相対的に低めることを意味したので，連邦国家権力（中央政府）と連邦構成主体との間に，個別に管轄と権限区分を定める連邦条約を締結することによって，共和国側の不満を押さえようとした。こうして1992年に各々内容が異なる権限分割条約が中央と構成主体の間で締結された。これらの条約は連邦条約と総称される。

1993年憲法は，この状況をそのまま引き継いでいる。すなわち，一方で憲法第5条は，全ての連邦構成主体（全部で89あった）は同権だと規定している。またロシア連邦と連邦構成主体の権限を定める第71条から73条は，共和国などを特別に扱うことなく，一律に規定している。しかし他方では，第11条及び第66条で，場合によっては共和国に特別な地位を認めることを示唆している。明らかに構成主体の権限等を一律に明文化しないことによって中央の個別的対応を可能にし，分離独立につながる動きを押さえようとしたのである（第7章での議論を参照）。

以上のように，1993年憲法体制はソ連崩壊後の過程によって大きく制約され，また新体制に求められている困難な課題を考慮して，かなりの問題点をはらむ形で成立した。しかし他方で，ソ連時代の憲法体制と比較するならば，新憲法体制は国民の権利や自由を明示化し，現実の政治に対して規範性を強めていることも否定できない。以下の章で，この二つの面がどのような状態にあるのか見ることにしよう。

憲法の条文は読んでいると，ときに形式的規定に過ぎないと思われるときがある。そこで，日本やアメリカの憲法などで対応する問題（人権規定や権力構造の規定など）がどのように規定されているか考え，背後にある政治や社会の実像を想像するように心がけよう。

演習問題

1．参考書を利用して，ソ連時代の憲法（1977年制定のソ連憲法と1978年制定のロシア連邦共和国憲法）における人権の規定と，1993年のロシア憲法におけるそれを比較してみよう。
2．ロシアにおける大統領とアメリカの大統領の権限を比較してみよう。また，大統領と議会の関係が両者でどのように異なるのか調べてみよう。

3．ソ連の民族構成と連邦構成主体（連邦共和国）の地理的配置と，ロシア連邦の民族構成と連邦構成主体の国内における地理的配置を比べて，両者の連邦構造の強さを比較してみよう。

3 大統領・大統領府と政府

大串　敦

《目標＆ポイント》 ここでは行政府の問題を扱う。第一の注目点は現在のロシア大統領とソ連時代の共産党書記長の相違点である。この点では大統領府と共産党中央委員会機構の比較も重要である。第二の注目点は，半大統領制において特別な意味を持つ大統領と首相の関係である。さらに，非公式集団もロシア政治の実態を理解するために重要な存在である。
《キーワード》 大統領府，オリガルヒ（新興財閥），シロヴィキ

1. 歴史的比較

（1）ソ連共産党書記長とロシア連邦大統領

第2章で見たとおり，現在のロシアは半大統領制といわれる政治形態をとっているが，ロシアの大統領はフランスなど同様の形態を取っている国の大統領と比較しても，非常に強い権限を有している。それでは，ロシアの大統領はかつてのソ連時代の共産党書記長と同じ機能を果たしていると考えてよいのであろうか。(1) でこの点を検討し，(2) で大統領府とソ連共産党中央委員会機構を比較してみよう。

ソ連の共産党には党首が存在したことはなく，本来は共産党の事務部門を統括する職務とされた書記長が最上級ポストであった。歴代の書記長は共産党政治局と呼ばれる最高決定機関を統括し，党機関はもとより，国家機関に対しても非常に強い指導力を発揮した。政治局は共産党の幹部ばかりか，閣僚会議議長（首相に相当する），国防相や国家保安委員会議長のような主要な国家機関の代表も含んでいた。また，共産党

の機関の中で，政治局員の活動を支える機能を果たしていたのが共産党中央委員会機構である。これは時期によって異なるが，およそ20の部局から構成され，5，6人の書記と各部の部長が政治局員と協議しつつ，これらの部局を指揮・監督していた。書記の中には政治局員を兼ねる者もいた。

これに対してロシアの大統領は，政治局に当たる機関を有していない。強いて対応する機関を求めれば，それは憲法第83条7項に規定されている安全保障会議である。同会議は，大統領を議長とし，常任メンバーとして，首相，連邦保安庁長官，大統領府長官，内務大臣，外務大臣，国防大臣，上下両院議長などを擁している。例えばプーチンが最初に大統領になった2000年代には，この常任メンバーを含む会合が毎週ほぼ定期的に開催された。この会合の内容は通常は公開されていない。この常任メンバーこそ現在のロシアの最高権力者たちなので，同機関が政治局と同一視されるのである。しかし，かつてのように政党組織の幹部がそのまま常任メンバーになることはない。

それ以外にも，ソ連共産党書記長とロシアの大統領では相違する点がある。第一に，共産党書記長の職務には年限が規定されていなかったが，大統領は憲法によって連続二期までと定められている。第二に，共産党書記長は非常に強力な人事権を擁していたが，ロシアの大統領は首相を任命する際に議会の同意を必要とする。大統領が議会の同意なく任免できるのは副首相と閣僚までである。第三に，ロシアの大統領は必ずしも最高権力者の職務でないときもあった。有力者が首相に就いた場合には，第二位のポストになることもあった。事実，メドヴェージェフが大統領であったときには，多くの者は首相のプーチンが実質的な意味で最高権力者だと考えていた。ただし，ソ連でもマレンコフ首相時代の一時期は，フルシチョフが最高権力者といえたかどうか疑わしいので，この点は相対化されるかもしれない。

その他，ソ連体制では三権の分立はなく，書記長は三権を併せ持つ最高ソヴィエトを支配することで，実質的に三権にまたがる権力を行使していた。これに対して現在のロシアでは憲法で三権分立が定められており，立法府も司法府も一定の独自性を有している。ただし，第2章でも指摘したように，ロシアの大統領には大統領令を発する権限も付与されており，しかも国家元首として三権の上に君臨する存在とされているので，行政権だけを委ねられているわけではない。

（2）共産党中央委員会機構と大統領府

共産党中央委員会機構は現在大統領府が存在する建物にあった。この事実が示すように，一般に両者は権力構造の中で類似的位置を占める機関だと受けとめられている。そこでまず共産党中央委員会機構だが，ここには政治局を支える機関として書記局と部局が存在し，約2,000人が活動していた。一般に中央委員会の部局に勤めていた者は，国家機関を指導・監督する機能を果たしていたとされている。また，彼らは政治局員のために政策を準備したり，進言したり，形成したりすることを任務とした。政策の実施段階ではその遂行を監視する役割も担った。

これに対して現在のロシアの大統領府の職員の数は，表3-1に示したようにおおよそ2,000人強である。アメリカのホワイトハウス・オフィスの職員は400名程度，フランスの大統領のキャビネは50名程度であることを考えると，この数は非常に多いと言える。むしろ，共産党中央委員会機構が擁した職員数に近いと言えよう。

表3-1　大統領府職員数の変遷

年	2005	2006	2007	2008	2009	2010	2011
大統領府職員数	2679	2196	2210	2117	2146	2151	2046

出典：*Rossiiskii statisticheskii ezhgodnik*（Moscow：Federal'naia sluzhba gosudarstvennoi statistiki）各年版から筆者作成。

大統領府が果たしている機能は，構成する部局名から推測することができる。時期によって異なるが，2013年（平成25）12月現在では，それは国家法務局，監督局，文書官房，対外政策局，内政局，国家職員・要員局，国家顕彰局，市民の憲法権利保障局，情報・文書管理局，市民・組織訴願対応局，報道・情報局，儀典局，公共通信・コミュニケーション局，専門局，諸外国との地域・文化交流局，国家評議会活動保障局，CIS・アブハジア・南オセチアの諸国との社会経済協力局，科学・教育政策局，情報技術応用・Eデモクラシー発展局，社会プロジェクト局，反汚職問題局から構成されている。

これに対して共産党中央委員会機構は，ゴルバチョフ書記長が1989年（平成元）に部局の改組を行う直前の時代には，事務局，総務部，組織・党活動部，行政機関部，国際部，社会主義諸国党連絡部，海外要員部，宣伝部，文化部，科学・教育機関部，経済部，重工業・エネルギー部，運輸・通信部，軽工業・国民消費物資部，商業・日常サービス部，機械製造部，化学工業部，国防工業部，建設部，農業・食品工業部，陸海軍政治総本部から構成されていた。

上記の名称からわかるように，両者の間にはかなりの違いがある。これは，共産党時代の中央委員会機構は，党組織の活動と国家機関の活動をともに指導する立場にあり，また経済活動を全面的に監督する立場にあったからであろう。現在の大統領府は政党を直接指導しておらず，経済部門を管轄する部局の数もはるかに少ない。また，共産党時代の宣伝や文化活動も現在の大統領府には対応する局が存在しない。しかし，大統領府が全体として，セクショナリズムの強い中央官庁の意志を統合し，監督する立場にあるとすれば，共産党中央委員会機構とそれほど違わない活動をしているとも考えられる。

その他，大統領府には中央委員会機構になかった長官というポストがある。この大統領府長官は大統領に最も頻繁に会う機会のあるポストなので，非常に重要な機能を果たしていると考えられる。そこで歴代の大統領府長官を一覧表で示すと，次のようになる。

表3-2　歴代大統領府長官と在任期間

名前	在任期間	大統領
Yu. ペトロフ	1991年7月—93年1月	エリツィン
S. フィラトフ	1993年1月—96年2月	エリツィン
N. エゴロフ	1996年2月—同年7月	エリツィン
A. チュバイス	1996年7月—97年5月	エリツィン
V. ユマシェフ	1997年5月—98年12月	エリツィン
N. ボルジュジャ	1998年12月—99年5月	エリツィン
A. ヴォローシン	1999年5月—2003年10月	エリツィン プーチン
D. メドヴェージェフ	2003年10月—05年11月	プーチン
S. ソビャーニン	2005年11月—08年5月	プーチン
S. ナルィシンキン	2008年5月—11年12月	メドヴェージェフ
S. イワノフ	2011年12月22日—	メドヴェージェフ プーチン

出典：http://rulers.orgより筆者作成。

ここからわかるように，エリツィンの時代には大統領府長官も頻繁に更迭された。しかしプーチンが大統領になって以降は，大統領府長官はそれほど頻繁に交替させられておらず，側近中の側近が務めた。おそらくプーチンはエリツインと異なり，政治に直接的に関わるスタイルをとったので，大統領府長官に身近な人物を置く必要があったのである。

2. 大統領と首相

（1）大統領選挙結果

ロシアでは，これまでのところ，エリツィン，プーチン，メドヴェージェフの三人の大統領が就任しており，メドヴェージェフが2008年（平成20）に一期務めたのち，プーチンが2012年（平成24）に大統領職に復帰した。

大統領選挙の結果は表3-3に示したとおりである。大統領選挙の特徴としては，第一に，1996年の選挙を例外として，現職もしくは現職が推薦した候補が大勝してきたことが挙げられる。第二に，大統領・議員

表3-3　大統領選挙結果

年月日	投票率	第一位	第二位	第三位
1991年6月12日	74.66 %	B. エリツィン（57.30 %）※	N. ルイシコフ（16.85 %）	V. ジリノフスキー（7.81 %）
1996年6月16日	69.67 %	B. エリツィン（35.28 %）	G. ジュガーノフ（32.03 %）	A. レベジ（14.52 %）
1996/7/3（決選投票）	68.79 %	B. エリツィン（53.82 %）※	G. ジュガーノフ（40.31 %）	
2000年3月26日	68.74 %	V. プーチン（52.94 %）※	G. ジュガーノフ（29.21 %）	G. ヤブリンスキー（5.80 %）
2004年3月14日	64.39 %	V. プーチン（71.31 %）※	N. ハリトノフ（13.69 %）	S. グラジエフ（4.10 %）
2008年3月2日	69.81 %	D. メドヴェージェフ（70.28 %）※	G. ジュガーノフ（17.72 %）	V. ジリノフスキー（9.35 %）
2012年3月4日	65.34 %	V. プーチン（63.60 %）※	G. ジュガーノフ（17.18 %）	M. プロホロフ（7.98 %）

カッコ内の数字は得票率，また，※は当選確定を示す。なお，2012年から大統領の任期は6年である。

出典：北海道大学スラブ・ユーラシア研究センターWebsite「中東欧・旧ソ連の選挙データ」，ロシアの項（溝口修平による作成）（http：//src-home.slav.hokudai.ac.jp/election_europe/ru/result.html）および，Stephen White, Richard Rose, and Ian McAllister, *How Russia Votes*（Chatham：Chatham House Publishers, 1997），p.267より筆者作成。

の任期がそれぞれ6年と5年に変更される前のこれまでの選挙では，議会選挙と大統領選挙の期日が近く，議会選挙の結果によって大統領選挙の動向が占われ，その後の大統領の権力の在り方にも影響を及ぼしたことも特徴である（議会および議会選挙に関しては第4章で扱う）。

（2）エリツィン大統領時代

半大統領制の国家では，大統領と首相が行政権を共有している。そのために，両者の関係が政局の運営にきわめて大きな意味を持つ。そこでここでは，エリツィンの場合とプーチンの場合に分けて，大統領と首相の関係を見ることにしよう。なお歴代首相とその在任期間は以下の表の通りである。

表3-4　歴代首相と在任期間

名前	在任期間	大統領
E. ガイダール（代行）	1992年6月—92年12月	エリツィン
V. チェルノムイルディン	1992年12月—98年5月	エリツィン
S. キリエンコ	1998年5月—98年8月	エリツィン
V. チェルノムィルディン（代行）	1998年8月—98年9月	エリツィン
E. プリマコフ	1998年9月—99年5月	エリツィン
S. ステパーシン	1999年5月—99年8月	エリツィン
V. プーチン	1999年8月—2000年5月	エリツィン
M. カシヤノフ	2000年5月—04年2月	プーチン
M. フラトコフ	2004年3月—07年9月	プーチン
V. ズプコフ	2007年9月—08年5月	プーチン
V. プーチン	2008年5月—12年5月	メドヴェージェフ
D. メドヴェージェフ	2012年5月—	プーチン

※代行は，議会に首相候補として提案されたもののみを含めた。
出典：http://rulers.orgより筆者作成。

最初の大統領になったエリツィンは，1931年にスヴェルドロフスク州で農民の息子として生まれ，建設工場勤務を経て，30代半ばを過ぎた1968年（昭和43）に共産党の専従職員になった。その後，彼は党組織の中で昇進し，1985年（昭和60）にモスクワ市党第一書記，そして政治局員候補になった。しかし，ここでは彼は当時党内で第二の実力者であったリガチョフと対立し，政治局員候補の資格を失った。彼はここからソ連体制に批判的な勢力の指導者になっていき，1991年（平成3）のクーデタの試みに敢然と対抗したことで国民的英雄となった。その後，ソ連体制が解体すると，ロシアの大統領として新国家の礎を築いた。しかし，新憲法体制の下で統治者になると，エリツィンは直接に政治を行うよりも，首相，もしくは首相代行として抜擢した人物に日常的な行政を委ねる姿勢を示した。これは一部には，彼がソ連時代の共産党書記長と首相の関係として，大統領と首相の関係を見ていたからかもしれない。また一部には，常に議会で野党勢力が優勢な状態であるにもかかわらず，自身の健康に問題があったからかもしれない（自分が日々の政治を取り仕切ることに向いていないと自認していたからかもしれない）。

エリツィン大統領の時代の大統領―政府―議会の関係は，混沌としていた。議会（新憲法制定まではロシア最高会議，その後は国家会議）は，しばしば大統領と対立した。こうした状態であったので，彼が大統領であった時期には，首相のポストに就く人物が議会と大統領をつなぐ重要な役割を果たすことになった。

エリツィン時代に最も長く首相職にあったのはチェルノムィルディンである。彼はもともと国家官僚で，ソ連ガス工業大臣を務めた。前任者のガイダール首相代行の行った経済改革が国民生活に大きな負担を強い，首相として議会に受け入れさせることが不可能であることが判明したときに，議会に受け入れられる人物として登場したのである。チェルノムィルディンは首相になると，大規模私有化に慎重な姿勢を取りつつも，前任者の自由化路線を完全には放棄せず，中庸な路線を取った。

次に長く首相を務めたのはプリマコフである。彼もソ連時代に対外諜報庁長官を務め，行政の経験を有していた。プリマコフは1998年（平成10）8月に金融危機がロシアに及んだときに議会側に受け入れられる人物として浮上し，首相に任命された。このプリマコフ内閣では，共産党所属のマスリュコフが第一副首相になっており，大統領と首相が同じ党派に属さない「コハビタシオン」に類似したものになった。こうした状態でプリマコフ内閣は金融危機の鎮静化に成功した。

エリツィンはチェルノムィルディンの場合もプリマコフの場合も，彼らが行政的手腕を発揮し，次期大統領候補として有力視されはじめるとライバルと見なして解任し，自身の地位を守る姿勢を取った。

（3）プーチン大統領の時代

プーチンはエリツィンと非常に異なる経歴を持つ。彼は1952年にレニングラード市（現在のサンクトペテルブルク市）に生まれ，大学卒業後にKGB（国家保安委員会）に勤務し，諜報員として東ドイツに滞在した。彼は1989年（平成元）にベルリンの壁が倒される事件を見た後に帰国し，サンクトペテルブルク市とロシア大統領府に勤務した。特に後者では，1998年（平成10）5月に大統領府副長官として地方を監督とする業務を担当し，1998年7月に連邦保安庁（FSB，KGBの後継組織）長官，そして1999年8月に首相に任命された。彼は同年12月の国家会議選挙の際に政治運動「統一」の事実上の指導者として活動し，同党が第二党の議席数を獲得するのに貢献した。「統一」の躍進が確実と見えたことが，エリツィンに，自らの後継者としてプーチンを指名することを最終決断させたものと思われる。

以上の経歴からわかるように，プーチンはソ連体制で行政職に就いたことがなかった。このために，彼はエリツィンによって次期大統領に指名された段階でも無名の存在であった。国民は，彼がKGB出身であって，エリツィンに忠誠心を示したことと，チェチェン問題で強硬策を取り，一定の成果を挙げたことくらいしか彼について知らなかった。

こうした経歴から，プーチンの持つ人脈は限られており，KGB時代とサンクトペテルブルク市庁勤務時代に培ったものが全てであった。また，プーチンは長く大組織の中で活動してきたせいか，人事の取り扱いがエリツィンに比べるとはるかに洗練され，穏やかだった。彼が大統領であった時期には，大統領と首相の関係は前の時期に比べると非常に安定していた。この点は，以下の表を見れば明瞭であろう。これは，各々の大統領がそれぞれの職務に任命した者の数を示している。

表3-5　大統領が在任期間中に任命した政府の職務者数

大統領	エリツィン		プーチン		メドヴェージェフ
	第一期（1991.7.10-1996.8.8）	第二期（1996.8.9-1999.12.31）	第一期（2000.1.1-2004.5.6）	第二期（2004.5.7-2008.5.6）	第一期（2008.5.7-2012.5.6）
首相※	2	5	2	1	1
副首相	27	36	8	4	9
一般閣僚合計	71	60	18	16	15

※首相は議会に提案されたことのある代行のみ含めた（E. ガイダルなど）。

出典：http://rulers.orgより筆者作成。首相，閣僚などの期間の区分は任命時による。大統領の任期にまたがって就任している場合（例エリツィン第一期と第二期にまたがったチェルノムィルディン首相），第一期にのみカウントされている。また，同一期間に一人の人物が一度離職して，その後再任された場合（例シャフライの副首相職1991年12月18日-1992年3月31日，1992年11月15日-1994年1月20日），2とカウントしている。

プーチン大統領の時期には，大統領自身が全面的に政治に関与したので，エリツィン大統領の時期ほど首相が目立つことはなかった。唯一，例外的に注目されたのは，プーチンが初めて大統領になったときに首相を務めていたカシヤノフである。彼はエリツィン大統領の時期に経済省次官，経済相を歴任した人物で，経済専門家として知られていた。首相在任中，カシヤノフの地位は盤石のものではなく，解任がたびたび噂された。カシヤノフ内閣は，官僚から生え抜きとエリツィン時代からの生き残りとプーチン人脈の三者混成チームとしてあり，プーチン大統領が地盤を固めるまでの過渡期的存在であったと見ることができよう。

大統領と首相の関係は，次のメドヴェージェフ大統領の時代にまた変化した。このときメドヴェージェフを後継大統領として推薦したプーチンは首相となり，メドヴェージェフに勝るとも劣らないレベルでマスメディアに登場した。当然，彼は四年間，首相であり続けた。第三代目の大統領となったメドヴェージェフは1965年生まれで，プーチンと同じレニングラード大学出身であった。プーチンとともにサンクト・ペテルブルグ市庁に勤務し，プーチンが大統領であった時代には大統領府長官も務めた。人々はプーチンとメドヴェージェフが二人で政局を運営していると言う意味で，この時期の政治を二頭立ての馬車（タンデム）にたとえた。

現時点では，メドヴェージェフ大統領とプーチン首相の関係に関して何か断定的なことを言うのは難しい。2012年にプーチンが大統領に復帰したことから見て，メドヴェージェフ政権が当初から一貫してプーチンの傀儡であったと考えることもできる。とはいえ，メドヴェージェフ大統領の行ったいくつかの政策（民営化促進や大規模な更迭を伴った知事任命政策など）は，単にプーチン大統領の政策の延長とも言えなかった。メドヴェージェフは当初主導力を発揮しようとしたものの，困難に直面して，徐々にトーンダウンしたものと考えたほうが合理的だと思われる。

3. 非公式な政治集団

以上のように，エリツィン初期の混乱を経て，ロシア政治は徐々に安定的運営がなされるようになってきた。とはいえ，この背後では非公式な政治集団の存在が議論され続けてもきた。これらは多分に憶測を含むものであり，実際の動向を正確に見極めるのは不可能に近い。また，それぞれの集団が一枚岩であるわけでもないし，これらの集団は相互に重なり合う場合もある。次に示すのは，強い影響力を及ぼしていると一般的に議論されてきた非公式な政治集団である。

（1）オリガルヒ（新興財閥）

オリガルヒとは，ペレストロイカ期以降，急速に台頭した新興財閥の総称である。1996年（平成8）の大統領選挙に際してエリツィン大統領は，オリガルヒの資金援助を請わなければならなかった。そして，再選の結果，オリガルヒの発言力は強力になった。彼らのうち，著名なものを幾人かあげよう。まず，「オネクシムバンク」銀行を率いていたポターニンは，1996－7年にかけて第一副首相も経験した。また，「モスト」グループを率いていたグシンスキーは，モスクワ市長だったルシコフとの関係が密であった。「メナテプ」グループのトップだったホドルコフスキーも，1996年大統領選挙では，エリツィン支持を明確にしていた。最後にベレゾフスキーは，「ロゴバス」グループを率い，1997年から安全保障会議副書記やCIS（独立国家共同体）執行書記を歴任した。後述するエリツィンの「ファミリー（セミヤー）」との関係を通して，最も強い影響力を持ったといわれる。

しかしながら，プーチンの大統領就任以後，オリガルヒの直接の政治的影響力は減退した。プーチンはオリガルヒの過度の影響力を嫌い，敵対的なものには攻撃を加えることを決心したように思われる。2000年(平成12)にはグシンスキーは逮捕され，その後釈放されたが国外に逃れている。ホドルコフスキーも2003年に逮捕され，2013年（平成25）末まで収監されていた。ベレゾフスキーも検察の取り調べを避け2000年末に国外に出たまま2013年に死去するまでロシアに戻ることはなかった。

(2)「ファミリー」(セミヤー)

文字通りエリツィンの家族とその周辺の人物を指す。特に娘のタチヤナ・ディアチェンコ，その夫ともなるユマシェフ元大統領府長官，その他にはヴォローシン元大統領府長官もそのうちに数えられる。ベレゾフスキーはこの「ファミリー」と密接な関係を持っていたといわれる。プーチンが大統領に就任したのち，この「ファミリー」の政治的影響力は急速に失われ，最後の生き残りと見られたヴォローシンも2003年に大統領府長官を辞任した。この辞任はホドルコフスキー逮捕と関連があると見られている。

(3) シロヴィキ

シロヴィキとは，軍や連邦保安庁や内務省など治安関係の背景を持った政治エリートの総称である。プーチンが大統領に就任して以後，この政治エリートが，大統領府や政府の主要ポストの間で増加した。ロシアの社会学者クルィシタノフスカヤの調査によれば，ゴルバチョフ時代にはシロヴィキといえるものは政治指導部の8パーセント足らずだったのが，エリツィン時代の初期には25パーセントとなり，プーチン第二期の終わり（2008年）には42パーセントになった。

このシロヴィキ台頭にはいくつかの解釈があり得る。一つは，プーチン指導部が体制の権威主義化を望んで体制エリートと社会と引き締めのために，シロヴィキを重用しているというものである。これは現行の体制の在り方とエリートのキャリアを直接に結びつけた解釈といえるだろう。二つ目の解釈は，プーチン自身がKGBの出身であり，彼が信頼できる人物にはそもそもシロヴィキが多数を占めていたうえ，重要ポストにその信頼できる人物を張り付けていった自然な結果としてシロヴィキが台頭したと考えるものである。政権にレニングラード（サンクトペテルブルク）出身者が多いのと同じ理由で，シロヴィキも増えたと解釈するのである。どちらの解釈が正しいのかを現状で結論を下すことはできない。

法的には非常に強力なロシア大統領の権力であるが，現実の実効性は時代によって大きく変化してきた。リーダーシップのスタイルや政策課題の変化を念頭に置きながら，大統領の権力行使の変遷を考えよう。

演習問題

1．ソ連共産党の書記長の権力とロシア大統領権力の類似点，相違点について考えてみよう。
2．エリツィン（第一期・二期），プーチン（第一期・二期），メドヴェージェフそれぞれの時代の主要な内政課題と政権の対応をまとめてみよう。
3．法的に強力な権限を持つ大統領が，しばしばその権力を十分に行使できないのはなぜか，逆に行使できるときはどのような条件があるときか考えてみよう。

4 議会・選挙

大串 敦

《目標＆ポイント》 1993年憲法で立法機関と位置づけられたロシア連邦議会は，どのような形で機能しているのだろうか。ここでは，議会の仕組みと下院にあたる国家会議の構成の変化を概観し，さらに立法過程を取り挙げる。特に重要なのは，議会の具体的な活動の在り方を押さえて政治システムの大枠を理解することである。
《キーワード》 選挙制度，国家会議，連邦会議，立法過程

1. 議会の構成と権限

憲法によれば，ロシア連邦議会は代表機関にして立法機関であり，連邦会議（上院）と国家会議（下院）の二院によって構成される。このうち上院は，各連邦構成主体の代表機関（議会）と執行機関（行政府）の代表各1人（計2名）によって構成される。2013年現在の連邦構成主体数は83なので，定数は166名である。当初は連邦構成主体首長（地方知事）と連邦構成主体（地方）議会の議長が自動的に上院議員になった。

しかしその後，2000年（平成12）の上院改革によって，知事や地方議会議長とは別に上院議員が選出されるようになった。さらに2011年（平成23）の法改正により，地方議会代表の上院議員は連邦構成主体議会，もしくはさらに下位の地方自治体レベルの議会の議員でなければならないとされた（上院改革については第7章で再論する）。他方，下院の定数は450名であり，任期は当初は4年であったが，2008年に憲法が改正され，現在は5年となっている。

他の権力機関との関連では，連邦議会が以下のような権限を有する。まず執行機関（大統領・政府）に対しては，上院は，1. 戒厳令および非常事態に関する大統領令の承認，2. 大統領選挙の公示，3. 領外におけるロシア軍の利用への関与，4. 大統領の罷免などの権限を持つ。また下院は，1. 大統領推薦の首相候補に対する同意，2. 連邦政府の信認，3. 政府活動についての説明の聴取，4. 大統領弾劾の発議（大統領罷免の手続きは，第2章参照）などの権限を持つ。

次に司法機関に対しては，上院が，憲法裁判所，最高裁判所，最高仲裁裁判所の裁判官の任命，及び検事総長の任免などの権限を持つ。

以上の他にも，上院は，連邦構成主体の境界変更の承認，会計監査院の副長官及び監査院の半数の任免などの権限を持ち，下院は，中央銀行総裁の任命と解任，会計監査院長官及び監査院の半数の任免，人権問題全権代表の任命と解任，大赦の布告などの権限を持つ。こうした両院の管轄項目については憲法第102条と103条に簡潔に記されている。

2. 下院の選挙制度と選挙の問題点

（1）下院の選挙制度

下院の選挙規則は，基本的に1993年から2003年まで用いられたものと，2007年から2011年まで使用されたものに大別され，前者の2003年までの選挙では，450の定数のうちの半数を比例代表から，残りの半数を小選挙区から選出する小選挙区比例代表並立制が採用された。

このうち比例区は全国1区で，各党が候補者に順位をつける拘束名簿式で行われた。名簿の候補者は，地域に属さない全連邦候補者（12-18名程度）と地域に属する候補者に分かれる。また，そこでの議席配分方式は次のようなものであった。まず，阻止条項の5％を超えた政党（選挙団体・ブロック）の票を合計し，比例区に割り当てられた総議席数

225で割ったものを当選基数とする。ついで，それぞれの選挙団体・ブロックが得た票を当選基数で割り，その整数部分が獲得議席になる。その際，まず全連邦候補者に議席が割り当て，残りを地域の得票に応じて地域ごとの候補者に当てた。小選挙区では，最多得票者が当選する，多数得票制を採用していた。

次に2007年以降の下院選挙では，小選挙区部分がなくなり，450議席全てが比例代表で争われるようになった。その際の選出方法は，おおむね以前の比例代表部分と同じであるが，候補者リストに載せられる全連邦候補者が10名までとされた。また，選挙に参加できるのは，政党法で認められた政党のみとされ（すなわち選挙ブロックは参加できない），阻止条項が7パーセントに引き上げられた。7パーセントの阻止条項は，世界的に見ても高く，大政党に有利である。2011年の選挙の後に不正疑惑から抗議デモが生じたことを受け，小選挙区部分の復活や，再び阻止条項を5パーセントへ引き下げることなどが決定されたが，最終的に次の2016年の選挙がどのような制度の下で行われるのかはまだ不明である。

（2）選挙の問題点

ロシアの下院選挙は1993年以来，2011年まで憲法の定めた通りに定期的に実施されてきた（1993年の選挙では，選出された議会の任期は例外的に2年と決められていたので，次の選挙は1995年に実施された）。しかし，以下に見る通り，大小多くの問題点も指摘されている。

第一に，1990年代の選挙では小党乱立の傾向が顕著であった。例えば1995年選挙の比例区では，最終的に4選挙団体しか議席を得られなかったので，無効票も含め実に49.5パーセントの票が死票となった。また小選挙区においても，多くの無所属議員が選出された。このうち，比例区投票で多数の死票が出ている問題は，現在まで指摘され続けている。

第二に，1990年代の選挙では，大統領側が梃入れして生み出した政党がいずれも議席を伸ばすことができず，議会に安定した政権与党が存在しない状態になった。このために，憲法で大きな権限を与えられていた大統領も，議会対策に非常に苦慮することになった（この点は1999年以降，解消されていった。政権与党「統一ロシア」の形成過程については第5章で説明する）。

第三に，選挙で不正行為がなされているとする指摘があとを絶たない。例えば，一部の有権者が複数の投票所を回って投票した例などが取り沙汰されている。ただし，この種の不正があったとしても，選挙結果は事前の世論調査の予想と大きく乖離しておらず，選挙結果全体に修正を迫るほどの規模であったとは思われない。むしろ，政権与党に投票しないと，冬季に暖房が止まるかもしれないといった噂を流したり，メディアが一方的に政権与党に有利な報道を行ったりするなどの非公式の圧力の方が，選挙結果に影響を与えたかもしれない。こうした点は，多くの観察者によって指摘されている（現職の議員や知事が選挙で利用したとされる「行政的資源」については第5章でふれる）。

3. 下院の構成とその変化

（1）会派の変遷

1993年（平成5）以降，下院は具体的にどのように機能してきたのだろうか。選挙で選出された議員は議会内で政党や選挙ブロックを中心に，会派を構成した。各選挙後に形成された会派は，以下のようなものである。

1990年代から一貫して会派を形成できたのは，自由民主党とロシア連邦共産党の二つのみであり，諸会派乱立状態が徐々に集約していったことがわかる。

表4－1　国家会議会派構成

	1993		1995		1999		2003		2007		2011	
会派	議席数	議席率（%）	議席数	議席率（%）	議席数	議席率（%）	議席数	議席率（%）	議席数	議席率（%）	議席数	議席率（%）
ロシアの選択	71	15.80										
新地域政策	64	14.20										
自由民主党	60	13.30	51	11.30	16	3.56	36	8	40	8.89	56	12.44
農業党/農業代議員グループ/農業産業代議員グループ	54	12.00	36	8.00	42	9.78						
ロシア連邦共産党	46	10.20	146	32.40	87	19.33	52	11.56	57	12.67	92	20.44
ロシアの統一と合意党	33	7.30										
ヤブロコ	27	6.00	46	10.20	19	4.22						
ロシアの女性	22	4.90										
自由民主同盟12月12日	22	4.90										
ロシア民主党	15	3.30										
我が家ロシア			66	14.70								
ロシアの地域			43	9.60	44	9.78						
人民の権力			38	8.40								
統一					84	18.67						
代議員グループ「人民代議員」					62	13.78						
祖国全ロシア					44	9.78						
右派勢力同盟					32	7.11						
統一ロシア							306	68	315	70	238	52.89
ロージナ							38	8.44				
公正ロシア									38	8.44	64	14.22
その他未登録会派・無所属	36	8.00	24	5.30	15	3.33	15	3.33				
不明					5		3					
合計	450				450				450		450	

※いずれも選挙後最初に国家会議が召集された際の会派構成。

出典：北海道大学スラブ・ユーラシア研究センターWebsite，中東欧・旧ソ連諸国の選挙データ，ロシアの項（溝口修平による作成）（http://src-home.slav.hokudai.ac.jp/election_europe/ru/system.html），より筆者作成。

(2) 下院の活動状況

次に，会期別に下院の活動を概観しておこう。

まず，1993年12月の選挙で選出された第一期国家会議（1994-1995年）の特徴は，会派が分裂し，多数派が存在しなかったことである。これらの会派は，イデオロギー的には民族主義的な自由民主党，共産党と農業党の左派，そしてガイダールが率いた「ロシアの選択」の右派（急進的市場改革派）に分けることができる。ただし，会派の規律が低く，議決に際しても会派からの造反は日常茶飯事であったため，このような分類はそれほど大きな意味を持たなかった。

第二期（1996-1999）では共産党が大きく議席を伸ばし，大統領支持の市場改革派（「ロシアの民主的選択」）は勢力を大幅に減じ，会派も作れなかった。この状況を受け，またこの時期にはエリツィンの健康状態が悪化したこともあり，野党勢力は対決姿勢を強めた。このため，大統領支持会派（「我が家ロシア」など）は，議会内の諸会派を切り崩すことによって重要法案の採決を図った。その対象になったのは，選出に際して政党の関与が少なかった小選挙区選出の議員であった。会派規律が依然として低かったことが大統領派を助けたのである。こうした過程を経て，次第に議会内では大統領支持派と反対派が妥協する場面も見られるようになった。プリマコフ内閣の成立は，そうした議会内の与野党の協調状況を象徴するものでもあった。

1999年の選挙は以上の状況を大きく変える転機となった。このとき以降，与党勢力が議会内の指導権を奪ったのである。すなわち政権与党の統一は，選挙後に小会派の協力取り付けや祖国全ロシアとの合同に成功し，第三期が終わるころには，統一ロシアとそれに近い会派を合わせて，232人を有する勢力を作り上げた。しかも彼らは，しばしば自由民主党や相当数の無所属議員の協力を取り付けることにも成功した。こうした状況では統一ロシア系会派の紀律も高まり，投票の際の造反票はほとんど見られなくなった。第四期と第五期も，同様の状態が続いた。

議会のこの状況はすぐに立法過程に反映した。大統領が議会成立法案に対し拒否権を行使することは激減した。また，図4－1が示しているように，1999年までは執行機関が提出した法案の成立率は60パーセントを下回っていたが，2002年からは成功率が常時90パーセントを超えるようになった。また，1990年代に議会を迂回するために乱発された大統領令も，第三期以降は減少した。

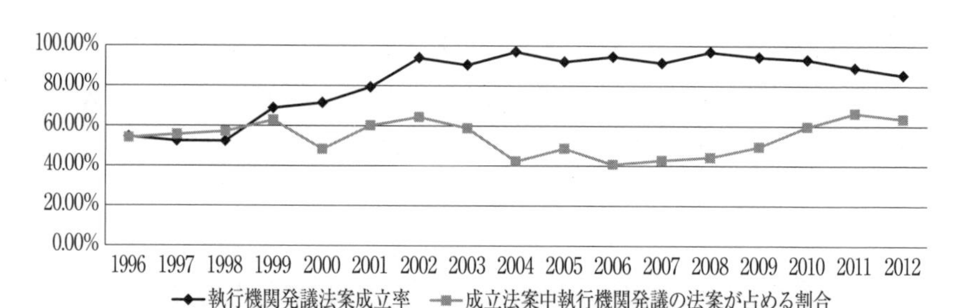

図4－1：大統領・政府（執行機関）発議法案の成立率と全成立法案に占める割合

出典：国家会議ウェブサイト法案検索システム（http://www.duma.gov.ru/systems/law/）より筆者作成。

統一ロシア会派が306議席を占めた第四期には，ますます立法過程が速やかになった。このことは，徐々に下院本会議での議論が形式化し，ラバースタンプの様相を呈するようになったことを意味する。ただし，図4－1が示すように，全成立法案のうち執行機関が発議したものの割合は，この第四期に若干低下した。これは，この時期に統一ロシアが法を立案する能力を向上させつつあったからだとも，また，大統領側が統一ロシアを利用することにより，自身で発議する負担を軽減し，立法を円滑にしたからだとも考えられる。今のところ実情は明らかでない。

統一ロシアが圧勝した2007年選挙後の第五期も，同様の状態が見られた。この会期から全議席が比例代表で選出された上に，制度の改正で会派の移籍が不可能になったので，会派紀律は高いままであった。また，この時期には，2008年の世界金融危機で緊急的立法が必要な事態も起こっており，執行機関の発議による立法が増加し，速やかに採択された。このために，議会の形骸化を指摘する声が強くなった。ともあれ円滑な立法過程は，統一ロシアが大きく議席を減らした第六期でも，基本的に変化していないように見える。

4. 立法過程

（1）一般的な立法手続き

ロシア憲法によると，立法発議権は，大統領，上院，上下両院の議員，政府，それに連邦構成主体の立法（代表）機関が持つ。また，憲法裁判所，最高裁判所，最高仲裁裁判所も所轄事項に関して発議権を与えられている。

発議された法案は，図4-2が示すように，まず下院内に設置されている国家会議評議会で審査される。この国家会議評議会は，下院議長，第一副議長，副議長，各会派の指導者によって構成され，審議日程の草案なども作成する。法案はここで審査された後，図に示す通り，関係する下院内の常設委員会を経て，下院本会議の読会へ送付される。この本会議の読会は，通常三回である。第一読会では，その法案の基本的な考えの承認，修正点の確認などをし，第二読会では，しばしば修正個所などを細かく審議する。法案はこの第二読会を通過すると，再び常設委員会に戻されて修正点がまとめられ，第三読会に提出される。この第三読会において，法案全体の採否がはかられる。

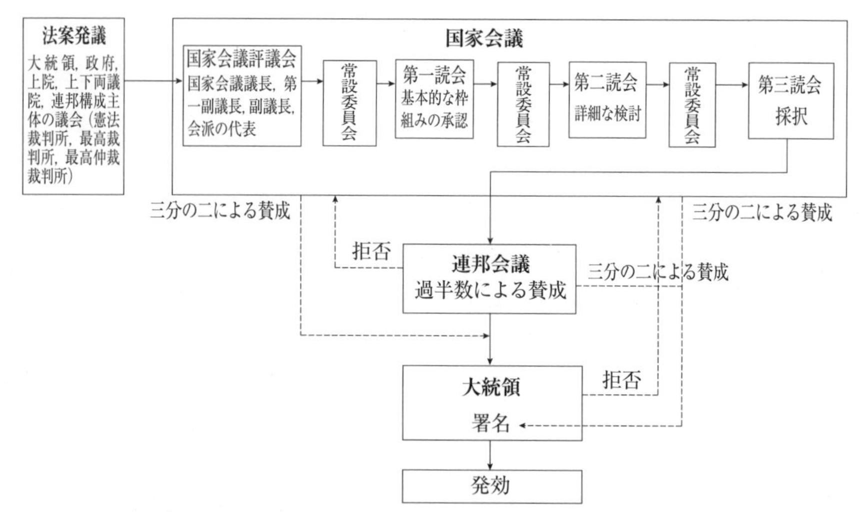

図4-2　ロシアの立法手続き
出典：ロシア憲法および国家会議規則より筆者作成。

ここで採択された法案は，5日以内に上院の審議に回され，上院で議員総数の過半数の賛成がある場合，または14日以内に上院が審議をしない場合には，そのまま承認される。もし上院で法案が否決された場合には，両院協議会を設置することができ，その後下院で再審議に付される。また，上院が否決した場合でも，下院は議員総数の三分の二以上の賛成で法案を採択することができる。こうして上下両院の議会で採択された法律は5日以内に大統領に送付され，大統領が14日以内に署名して公布する。大統領が署名を拒否した場合には再度，審議にかけられるが，上下両院で議員総数の三分の二以上の賛成により再び採択された場合には，大統領は署名をしなければならないと定められている。

（2）予算案の事例

次に予算案を事例にして，大統領・政府・議会の関係を具体的に見てみよう。

予算案は毎年財務省が中心になって作成し，10月1日まで（2007年までは8月26日まで）に政府が発議する。予算案は必ず議会を通す必要のある法律であるが，1990年代にはその採択は常に難航を極めた。ロシアの議会研究で知られる皆川修吾によれば，1995年（平成7）予算案は前年の10月5日に提出されたが，12月に一度否決され，修正案提出後も700本以上の修正提案を浴びせられた。このため，その採択は越年し，1995年3月15日にようやく下院で可決された。実に161日を費やした計算になる。この例だけではなく，1998年予算案の採択に要した日数は1995年のそれを上回った。すなわち，1997年8月25日に議会に提出された予算案は，翌年3月4日まで採択されなかったのである。

このように採択が難航した主たる理由は，言うまでもなく，大統領・政府を支持する勢力が議会内で多数を占めていなかったことにあった。しかし，他にも理由があった。例えば，しばしば政府内の統一が乱れた。各省庁が，政府予算に反映できなかった予算項目の増大や復活のために，関係する議会内の委員会に働きかけるといったことが行われた。また，知事や小選挙区選出の下院議員も，それぞれの思惑から予算の修正を図った。1990年代にはさらに，「オリガルヒ」といわれる新興財閥（第3章を見よ）による議員への働きかけも見られた。こうした各種アクターの駆け引きによっても，議会での審議は長引かざるを得なかったのである。

2000年代に入って大統領・政府支持勢力が議会で多数を占めても，この傾向は簡単には克服されなかった。第三期，第四期の議会でも，予算審議にかける日数はそれほど大きく減少しなかったのである。それでもこの時期には，それまで議会内でなされていた諸利害の調整が，統一ロシア会派内で行わるようになった。特に第四期には，いわゆる「ゼロ読会」が頻繁に見られた。これは，統一ロシアの指導部（時には他の会派の指導部も加わったという）と法案関係者（予算の場合主に政府関係者）が公式に審議に入る前に調整を行う作業を意味する。多くの法案は，この「ゼロ読会」によって事実上採択されるようになり，議会は表面的にはラバースタンプの様相を呈するようになったのである。

表4-2　国家会議における予算案審議所要日数

	第二期				第三期				第四期				第五期				第六期
予算案の年	1997	1998	1999	2000	2001	2002	2003	2004	2005	2006	2007	2008	2009	2010	2011	2012	2013
下院登録月日	1996/9/2	1997/8/25	1998/12/12	1999/8/25	2000/8/26	2001/8/26	2002/8/24	2003/8/26	2004/8/26	2005/8/25	2006/8/26	2007/4/30	2008/8/25	2009/9/30	2010/9/30	2011/9/30	2012/9/28
下院採択月日	1996/12/28	1998/3/4	1999/2/5	1999/12/3	2000/12/14	2001/12/14	2002/12/11	2003/11/28	2004/12/8	2005/12/7	2006/11/24	2007/7/6	2008/10/31	2009/11/20	2010/11/24	2011/11/22	2012/11/23
下院所要日数	117	191	55	100	110	110	109	94	104	104	90	67	67	51	55	53	56

出典：図4-1に同じ。

しかし，この「ゼロ読会」の設定にもかかわらず，以後も予算案採択に多くの日数を要した。この点での明瞭な変化は，2007年（平成19）

以降になってから起こった。この年から，三か年計画で予算案を作成するようになり，予算のみ4回必要だった読会も，3回に短縮されたのである。また2010年には，審議日程を短縮するため，財政法典も改正された。

これは一方では，執行権力が相当程度，議会を統制できるようになったことを意味するが，他方では，利害調整の作業を議会外の場所で行うようになったことも意味する。今後，この調子で議会審議が形骸化するような事態になれば，大統領府・政府内での調整や統一ロシア会派内での調整に委ねられる部分が多くなると考えられる。これは必ずしも予算案の作成が簡便になることを意味しないであろう。

政治学で，議会や選挙を考察する際には，選挙制度と選挙結果，政党システムの形成，議会内政治を中心に論じるのが通常である。日本など，他国の事例を念頭に置きながら，ロシアの事例を考察すれば，理解が一層深まるであろう。

演習問題

1. 1993年からこれまでのロシア国家会議の選挙制度改革と選挙結果を比べて，選挙制度は結果にどのような影響を与えるか考えてみよう。
2. ロシアの選挙における非公式な影響力行使と，日本の「組織ぐるみの選挙」やアメリカの「マシーン政治」を比べてみよう。
3. 統一ロシアが圧倒的な優位政党になった後の立法過程を，日本の55年体制下の立法過程と比べてみよう。

5 市民と政治の間—政党

横手慎二

《目標＆ポイント》 ソ連の崩壊過程の中から成立してきたロシアの政党は非常に多様で，有権者に選択の機会を与えると同時に，体制の不安定さを印象づけた。この状況に対処する中で大統領側が生み出したのが，政権与党の統一ロシアである。ここでは，政党と政権との関係に注目して，こうした政党の実態を捉えるようにしよう。

《キーワード》 選挙，行政的資源，大統領権力を支える政党

1．多党制の形成

（1）政治家の出現

ソ連には1980年代末まで，通常の意味での政党はおろか，通常の意味での政治家も存在しなかった。ソ連共産党は名称こそ政党であったが，実態は統治機関であったので，国民が表出する利害や意向を集約して国家機関に伝えるという，政党の一般的機能を重視していなかった。同様に共産党上層部も，選挙などで他党の候補者と競い合う必要がなかったので，国民に「計画」は提示しても，有権者の票を獲得するための公約を示す必要がなかった。

この状態は1989年（平成元）に一変した。ゴルバチョフが人民代議員大会を創設し，定数2,250人のうち750人を複数候補の小選挙区制で，他の750人を民族地域別選挙で選出する制度を導入したので，政治の舞台が変わり，政治活動に関心を持つ人々に政治家になる道が開かれたのである。

翌1990年には，ロシア共和国でも人民代議員大会の選挙が行われた。ここではソ連人民代議員大会の選挙と異なり，定数1,068人のうち900人を小選挙区制の選挙で，168人を民族地域の選挙で選出した。さらに同じころから，ロシア共和国の州などで行政府のトップや議会の議員を住民の選挙で選ぶようになった。また最高会議議長から大統領になって，権力を行使するようになったエリツィンが，学者や経済機関の実務家の中に自分の協力者を見出し，彼らを国家や地方の政治的役職に任命したので，選挙以外のチャンネルを通して政治家になる者も出てきた。

こうして登場した政治家たちは，以後の過程でソ連共産党の支配に対抗する主要な勢力になった。しかし，1991年夏のクーデタ事件で共産党が暫く政治的影響力を失うと，彼らはたちまち分裂していった。

新進政治家にとって次に問題になったのは，政治家としての地位を維持することであった。この時期に登場した全国レベルの政治家全員について，彼らの政治家としての歩留まり率を計算することは困難なので，ここでは地方の州レベルの行政府長について考えてみよう。この点では，以下のような地方行政府長（知事）の再選率がロシアの政治社会学者クリシタノフスカヤによって示されている。

表5-1　地方行政府長選挙結果

選挙年	選挙された地方数	再選された地方行政府長（知事）の数	勝利した現職行政府長（知事）の割合（%）
1991	9	1	11.1
1992	3	1	33.3
1993	12	1	8.3
1994	6	2	33.3
1995	15	11	73.3
1996	50	23	46.0
1997	17	9	52.9
1998	9	3	33.3
1999	13	10	76.9
2000	43	28	65.1

出典：O.Kryshtanovskaia, Anatomiia Rossiiskoi Elity,（M. , 2005）, p.137.

この表は，1991 年以降の数年間を除くと，現職の地方行政府長がかなりの割合で再選されていたことを示している（例外期の現職行政府長は，ソ連時代に任命された者である）。実際に，ニジニー・ノヴゴロド州のネムツォフ，スヴェルドロフスク州のロッセリ，モスクワ市のルシコフなど，1990 年代のロシア政治で大きな影響力を発揮した何人もの政治家は，早くに任命と選挙によって地方行政府のトップとなり，その後，再選されることによって大成したのである。

政治家と選挙の関係についても，クリシタノフスカヤは非常に興味深い説明を与えている。すなわち，現職の行政府長が再選選挙で好成績を収めたのは，彼らがその役職に付随する行政的資源を利用できたからであったというのである。ここでいう行政的資源とは，予算配分の際の圧力行使からマスメディアの利用，立候補手続きの際の便宜（対立候補者のそれの妨害）など，高い行政職にある者が選挙の際に利用できる合法的，非合法的手段を意味する。クリシタノフスカヤは実際の選挙の見聞に基づいて，こうした現職者の活動の実態を説明しているのである。

この指摘が正しいとすれば，中央と地方の議会の議員は地方府長に比べ行政的資源が乏しいので再選率が相対的に低かったのであり，連邦大統領の場合には，非常に行政的資源が大きいので，これまでの選挙で例外なく再選されるか，現職大統領の推薦を受けた者が次期大統領に選出されたということになる。以上の因果関係は確実な資料によって確認されているわけではないが，現職の行政府長などが多様な行政的資源を利用している点は，他の多くの観察者によっても指摘されている。

（2）政党と多党制システムの出現

政治家と同じく，一般的な意味での政党の起源も，1989 年以降に求められる。同年のソ連人民代議員大会選挙，翌年のロシア人民代議員大会選挙，さらに1991年のロシア大統領選挙がその形成を促したのである。最初に出現したのは政党というより，共産党の枠組みから離脱した小規模の運動集団であった。社会の変化を受けて，1990年春には，人民代議員の中に欧米的な民主主義イデオロギーを支持する集団と共産主義イデオロギーを支持する集団が生まれた。同じころに，国家主義的イデオロギーを掲げる，より小規模な集団も登場した。しかし，この三のイデオロギーに彩られた政治家集団は結束力が弱く，経済改革などを通じて具体的争点が浮上すると，分裂したり改編したりしていった。

政党の形成で転機になったのは，1993年（平成5）のロシア議会選挙であった。国家会議の選挙規則として，小選挙区制と同数の議員（225議席）を比例代表制で選出する小選挙区比例代表並立制を採用したために，政党の組織化が促されたのである。しかも，選挙によって小党分裂の事態を起こさないよう，比例区で候補者を出す選挙団体（政党とは限らなかった）には，10万人以上の署名名簿の提出などの要件を定め，さらに有効投票総数の5％以上を受けた選挙団体にのみ議席を割り当てることにした。

この結果，1993年の比例区選挙で議席を獲得した政党は，登録された13党のうちの8党（ロシア自由民主党，ヤヴリンスキー・ボルディレフ・ルキーン・ブロック（後にヤブロコと改名），ロシアの選択，ロシアの統一と合意党，ロシア民主党，ロシアの女性，ロシア農業党，ロシア連邦共産党）に過ぎなかった。

これらの政党は，政権与党として位置づけられるものを除くと，ロシア・ナショナリズム，西欧的民主主義，共産主義という三つのイデオロギーによって識別することが可能であった。有権者の中には，こうした分かりやすいイデオロギーを目安にして投票した者がかなりいたものと思われる。

しかし，その一方では，1993年の小選挙区制で選出された議員の半数以上が政党に所属していなかった。つまり上記の8党にしても，全国レベルで見ると，きわめて限定された影響力しか有していなかったのである。ここに表れた政党の弱さ（断片化）は，1995年と1999年の国家会議選挙でも克服されなかった。1999年まで比例選挙区で連続して議席を獲得した政党は三つ（ロシア自由民主党，ヤブロコ，ロシア共産党）しかなく，しかも二回の選挙とも政党無所属の議員を多数生み出した。当時のロシア社会が経済改革などによって多くの対立や亀裂を抱えていたこと，選挙で勝利した政党から首相や閣僚が選ばれるわけではないこと，さらに小選挙区で当選するのに，必ずしも全国規模の政党に所属する必要がなかったことなどから，政治家にも国民にも大規模な政党を生み出す必要が理解されなかったのである。

また，政党の組織的発展は，エリツィン大統領の行動によっても阻害された。彼は1993年の国家会議選挙までは，市場経済の導入に積極的な「ロシアの選択」を支持基盤としたが，同年の選挙で同党が64議席しか取れないことがわかると，より穏健な市場経済導入策を主張する「我が家ロシア」を，チェルノムィルディン首相を中心に創設した。しかし，1995年の選挙で我が家ロシアが得たのは，比例区，小選挙区合わせて55議席に過ぎなかった。(これに対しロシア共産党は，157議席を獲得した)。そこで次の1999年の選挙の際には，大統領側は，大統領権力を支える別の政党を組織した。それが1999年の国家会議選挙で72議席を獲得した「統一」である。その他に大統領周辺は「右派勢力同盟」も結成した。同党の獲得議席は29で，我が家ロシアは7であった。こうした大統領側の露骨な政権与党づくりは，政党に対する社会のイメージを損ない，順調な発展に水を差した。

1999年の選挙の比例区で5％以上の得票を得た政党・選挙団体は，

上記の統一，右翼勢力同盟以外では，ロシア共産党，自由民主党を中心とするジリノフスキー・ブロック，リベラル的志向の強いヤブロコ，それに有力な地方首長が集まって結成した「祖国全ロシア」であった。つまり，5％以上の票を獲得した6党（6選挙団体）のうちの半数が，結成されたばかりの政党だったのである。また，継続して比例区で議席を獲得してきた他の3党にしても，このときの選挙ではいずれも大幅に議席を失った。共産党は前回の157議席から113議席へ，自由民主党（ジリノフスキー・ブロック）は51議席から17議席へ，そしてヤブロコは45議席から20議席へと減少したのである。この時期になっても，これらの政党は支持基盤を固めていなかったのである。

2. 統一ロシアの成立

（1）統一と祖国全ロシア

1999年（平成11）の選挙で登場した統一と祖国全ロシアは，翌2000年の大統領選挙に出馬する予定の有力候補者を擁していたことから，6政党の中で特別な意味を持った。両者のうち先に結成されたのは祖国全ロシアであり，同党はモスクワ市長ルシコフ，サンクトペテルブルク市長ヤコヴレフ，サマラ市長チトフなど，有力な連邦構成主体の首長を結集していた。彼らがエリツィン後の大統領候補として担ぎ出したのがプリマコフであった。プリマコフはそれまでに外相，首相を歴任した老練な政治家で，多くの国民の信望を得ていた。このために，1999年半ばの時点では祖国全ロシアは非常に有望な政党と見なされた。

同党はまた，国政に対する地方首長勢力の影響力を高める動きを伴っていた点でも注目された。しかし，その構造を反映して，組織的まとまりを欠いていた。さらに，参加した首長のいる連邦構成主体では支持基盤を有したが，その他の地域での支持は限定されていた。このために，

12月の選挙では前評判ほどの票を獲得できず，比例選挙で同党が得たのは，共産党の24.29 %，統一の23.32 %に次ぐ13.33 %に過ぎなかった。

これに対して統一は，祖国全ロシアの動きに刺激され，それに対抗する目的でエリツィン支持者たちが1999年9月に結成した政党である。同党については，これまでの大統領を支える政党（我が家ロシアなど）と同様に，最初の選挙でつまずき，弱小政党となることも危惧された。そこで，統一が大統領候補として支える予定であったプーチンは，11月まで同党との関係を明言しなかった。

選挙直前にプーチンと統一が結びつきを強調し始めたのは，統一が次の大統領選挙でプーチンを支える姿勢を明瞭にしたというより，折から高まっていたプーチン人気に同党の側があやかろうとしたからであった。プーチンは夏から秋にかけて，チェチェン問題（テロ対策）で断固たる対応をすると表明し，急速に国民の中に支持層を広げたのである。

他方プリマコフは，国家会議の選挙結果を見て，大統領選挙への出馬を取り止めた。これによって，長くエリツィン周辺の人々によって保持されてきた権力が，次期大統領のプーチンと統一の側に移ることが確実になった。この状況を見て，新たに当選した議員たちは，次々に統一に加わっていった。彼らはそれぞれの選挙区でプーチンを支えることを申し出て，代わりに新政権から有利な地位や便宜を得ようとしたのである。勝ち馬に乗る姿勢は，祖国全ロシアに属して当選した議員たちの中にさえ見られた。議会内会派形成の過程で，祖国全ロシアに属していた一部の議員が，統一を中心とする会派に移っていったのである。この結果，祖国全ロシアの会派に登録した議員は44名に過ぎなくなり，逆に統一を中心とした会派は84人を擁するようになった。統一が結成時から明瞭な政策を示さず，プーチンを支持する政党として自らを位置づけていたことも，以上のような組織の拡大を容易にしたのである。

その後も統一は，我が家ロシア，「ロシアの統一と合意党」，「人民愛国党」など小政党を次々に吸収していった。さらに2001年12月には，祖国全ロシアと合併するための創立大会を開き，「統一ロシア」と名乗ることを決めた。この合併以前にも，統一はかなりの数の連邦構成主体を選挙基盤とする議員を擁していたが，新たに成立した統一ロシアは所属議員を通じて，ロシア全土にその影響力を及ぼしていった。

（2）政党法の成立とその影響

統一ロシアが大統領（クレムリン）を支える政党として確立する過程では，2001年（平成13）6月に制定され，翌月発効した政党法も非常に大きな意味を持った。同法制定以前には，1995年に制定された社会団体法が政党の法的立場について定めていたのであるが，その内容は政党の要件を特別に定めていなかった。ところが，2001年の政党法は組織面から政党を定義した。すなわち，第一に，政党は連邦を構成する連邦構成主体の半数以上に地方支部を持たねばならず，第二に，政党は1万人以上の党員によって構成されねばならず，半数以上の連邦構成主体に於いて100人以上の党員を擁する地方支部を持たねばならないと定めたのである。

明らかにこれらの要件は，豊富な資金を有する政党を一方的に利するとともに，新しい政党の政治への参入を困難にした。またこれによって，特定の地域で活動する地方政党は活動が困難な状態に置かれた。この後，地方政党出身の議員は他の地方政党と合体するか，あるいは全国規模で活躍する政党に加わる道を模索するようになった。

同法は，政党にこうした厳しい要件を求めるのと引き換えに，国庫から補助金を出すことを定めた。しかしここでも，補助金を受けられるのは，国家会議の比例代表区選挙で投票参加者の3％以上を得票するか，あるいは小選挙区で12名以上の当選者を出した政党に限ると規定しており，明らかに大政党に有利であった。

これ以外にも，同法には大きな問題があった。それは政党の設立手続きや活動内容などについて非常に厳格に規定したことである。同法は，これらに違反する場合には政党を解散させると規定して，監督官庁（当初は法務省と税務機関，後に中央選挙委員会）の権限を強めたのである。

以上の内容を持つ政党法が政治に及ぼした影響は，2003年の国家会議選挙で明瞭に示された。このときの選挙の比例区で議席を獲得した政党は，統一ロシアと共産党の他には，自由民主党と「ロージナ（母国)」だけであった。新党のロージナは，政権側が共産党の支持勢力を切り崩すために，選挙前に共産党に近い立場の政治家を利用して生み出した政党だと言われている。

こうした背景もあって，統一ロシアはこの選挙の比例区で約38％の票を獲得し，小選挙区の選挙で当選した103人と併せて223議席を獲得した。さらに，この後の会派形成の過程で政党無所属議員などを加え，全議員の三分の二以上を集めることに成功した。これに対して，1995年と1999年の選挙でともかくも第一党の地位を維持した共産党は，比例区で大敗し，この選挙で獲得したのは比例区と小選挙区あわせて52議席に過ぎなかった。また，自由民主党とロージナが獲得した議席は，それぞれ36議席と37議席でしかなかった。

統一ロシアが他党を圧する状況は，2007年の選挙と2011年の選挙でも変わらなかった。特に2007年の選挙では，同党は単独で315議席を獲得した。これに対して，共産党は57議席，自由民主党は40議席，新たに結成された「公正ロシア」は38議席しか得られなかった。統一ロシアが，国家会議をほぼ完全に支配する状況が生じたのである。こうして，2008年にプーチンが大統領職をメドヴェージェフに譲るまでに，ロシアの政党システムは，多党競合状況に終止符をうち，統一ロシアを中心とする一党優位体制に変わったのである。

3. 一党優位体制に於ける統一ロシア

（1）統一ロシアの政治的機能

統一ロシアが国家会議の中で圧倒的な地位を占めるようになると，政治過程は非常に安定した。逆に言えば，1990年代に目についた政治的対立や論争は，公的な場ではほとんど見られなくなった。しかし，そのことは統一ロシアがソ連共産党のような存在になったことを意味しなかった。ソ連時代の共産党は，強力で洗練されたイデオロギーを持ち，政策形成過程を独占し，さらには政治の担い手をほぼすべて党員によって補充することによって，政治のあらゆる局面を支配した。これに対して統一ロシアは，以下のようにまったく異なるアプローチをとった。

第一に，統一ロシアは明瞭なイデオロギーを示さず，そのことによって国民のすべての層の中に非組織的な支持者を生み出した。同党は，共産党ほど左ではなく，またリベラル勢力ほどには欧米の価値観に同調せず，また排外的国家主義者が示すほど極端なナショナリズムを取らないという中庸で保守的立場を取ることによって，国民全体にアピールすることを目指したのである。また経済政策でも，市場経済を支持するが，それがすべてではなく，経済的弱者を助ける姿勢を示すことも忘れなかった。こうした折衷的な政治的立場は，ロシア国内で「プーチン主義」と呼ばれるようになった。

第二に政策の形成でも，統一ロシアがソ連共産党のように政策形成過程を独占するようにはならなかった。この点は，2003年（平成15）の選挙で同党が躍進した後に，タタルスタン共和国の大統領で同党に加わったばかりのシャイミーエフが，政党中心の政府を組織しようとする動きを示した際にはっきりと示された。彼の意見に対して，同党創立以来の幹部であるショイグは，政府は専門的であるべきだとして反対したのである。同様の姿勢はプーチンやメドヴェージェフによっても示された。彼らは新しい政策を打ち出す際に，頻繁に統一ロシアの幹部と意見交換をする機会を持ったが，政策形成のイニシャティヴは大統領（クレムリン）側が保持し続けた。

しかしそれでも，統一ロシアは拡大していった。同党は2001年に発足した際に初めてモスクワと他の一か所で地方支部を開設したのであるが，その後は目覚ましい速さで全国展開し，2003年9月までには連邦構成主体のすべてで支部組織を持つようになった。

この動きを促進したのは，連邦構成主体の議会と首長を選出する手続きの変更であった。すなわち，2002年に連邦構成主体議会の選挙に比例代表制を導入し，さらに2008年に連邦構成主体議会の第一党が連邦大統領にその首長候補者を推薦する制度を導入したのである。これによって大統領側は，連邦構成主体の政治エリートたちに，統一ロシアに入ることで得られる利点を示したのである。こうした変更に影響されて，統一ロシアの党員数は急増し，2007年の国家会議選挙前には200万人を突破した。その後は入党資格を改め，党員の質を高める方向に方針を変えたが，それでも2010年末には登録党員数が207万人まで増大した。

以上のように，統一ロシアは組織的に拡大し続けた。それでもソ連時代のソ連共産党のようにはならなかった。異なる政治体制の中で，別の種類の政治的機能を果すようになったのである。すなわち，同党は議会において大統領が提出する法案を速やかに採択して大統領を助け，連邦構成主体に同党の影響力を扶植することによって中央集権化を強める機能を果すようになった。全体として，統一ロシアは大統領の政治的影響力を増幅する役割を果たすようになったのである。

（2）反対勢力の活動余地

中央集権化が強まるにつれて，連邦構成主体で活動する政治エリートたちにとって，統一ロシアに加わるメリットは計り知れないものになった。選挙を戦う際に得られる各種の便宜は彼らにとって大きな魅力だった。連邦構成主体にある企業の陳情を連邦政府に取り次ぐ活動も，統一ロシアに加わることによって容易になった。他方，統一ロシアの側も全国に影響力を及ぼすためには，連邦構成主体で活動する政治エリートたちの協力が必要であった。明らかに両者の関係は相互補完的であった。

しかし，こうした関係は完全なものではなかった。何よりも，以上の過程では，基本的に地方の政治エリートが，統一ロシアを強めるために進んで同党に入ったのではなかった。統一ロシアは確かに急速に拡大して全国規模の政党になったが，その組織的結束は見かけほど強固ではなかったのである。また，政党として市民を政治に結びつける機能を発達させることもなかった。大統領周辺にあって政治状況を分析していた大統領府副長官スルコフは，こうした点に注目して2006年の時点で次のように発言した。

「圧倒的多数の地域［連邦構成主体］に於いて，統一ロシアは現職の権威，つまり地域の指導者や市長などに依拠している。私は，どうしてこうした状況が生じたのか，またどの程度，それが安定しているのか，分析したくない。統一ロシアの課題は，［連邦構成主体の］行政的支えに依拠する状態から，自立的に活動する状態に整然と移行することにある」

ここでスルコフは，統一ロシアが地域に於いて圧倒的影響力を有しているのは，あくまでそれ以前に存在していた政治エリートと相互依存的関係を築いたからであって，決して国民の中に党自体の支持基盤を創り出したからではないと指摘しているのである。

この後のスルコフたちの努力にもかかわらず，国民の政党に対する信頼は依然として低いままである。こうした状態を受けて2011年の国家会議選挙の際には，統一ロシアを批判する意見がインターネットを通じて広まった。この選挙でも統一ロシアは他党を圧する票を獲得したのであるが，都市部で同党の獲得した票に対する疑惑から大規模な抗議集会が開かれた（この点は第10章で別に論じる）。

翌年5月の統一ロシアの党大会では，新たに同党の党首となったメドヴェージェフ（首相）は，今後各種の選挙で同党が擁立する候補については，予備選挙を実施するなどの措置をとりたいと発言した。どの程度，実現しているのか不明だが，間違いなく，国民の批判を受けて出てきた対応の一つであった。

他方，野党勢力に目を転じると，どの政党も動員能力が低下しており，政治的退潮を止められないままである。このまま政党が国民の意思をくみ取る能力が弱い状態が続けば，上に述べたように，統一ロシアの全国的結束力は必ずしも強固ではないので，新しい指導者の下に政党再編の動きが起こることも考えられよう。

現代の政党は非常に多様な政治機能を果している。そのうち特に重要なのは，市民の意見や要望を政策にし，議会や政府などに伝えることである。ロシアの政党が，どの程度こうした機能を果すようになっているのか考えながら，その誕生から現在に至る過程を考えるようにしよう。

演習問題

1. 第二次大戦後の日本の衆議院選挙に参加した政党の数がどのように変化したのか調べ，それと1993年以降のロシアの国家会議の選挙に参加した政党数の変化と比較してみよう。
2. 統一ロシアの党首が誰であったのか，調べてみよう。
3. 小選挙区制の選挙と比例代表制の選挙で，政党の戦略がどのように異なるのか，ロシアの例を使って考えてみよう。

6 マスメディアと政治

横手慎二

《目標＆ポイント》 マスメディアはどこの国でも大きな政治的役割を果たしているが，ここで特に注目するのは政治体制の変化によるその機能の変化である。マスメディアと政治権力と国民という三者の関係を通して，この変化を捉えることが重要である。さらに，近年の状況を理解するために，テレビと新聞以外のメディアにも目を配るようにしよう。

《キーワード》 大衆社会，政治報道，マスメディアの財政的基盤

1．社会主義体制下のマスメディア

（1）ソ連共産党のマスメディア政策

ロシアにおけるマスメディアと政治の関係を理解するためには，ソ連時代のそれから考える必要がある。過去30年ほどの間にこの関係は劇的に変化し，今もなおマスメディアは政権と国民の間で揺れ動いているからである。そこで，本節でソ連時代の関係をまとめ，次節で1990年代の変化を追い，第三節で現状と全体的傾向を見ることにする。

まず出発点として，以下の二つの事実を押さえておく必要がある。第一に，ソ連時代のマスメディアは，国民の知る権利に応えることを主たる目的としていなかった。第二に，ソ連のマスメディアは，情報の提供の見返りに経済的利益を得ることを重視していなかった。これは，ソ連共産党が新聞やラジオ，テレビなどのマスメディアを，マルクス＝レーニン主義という公的なイデオロギーを広め，社会主義体制を強化するための重要な手段と位置づけていたからである。

ソ連のマスメディアの特殊な性格は，その発行母体にも反映されていた。すなわち，マスメディアはすべて，共産党とその支配下にある機関（国家機関，労働組合等の公的機関）によって直接的に管理されていたのである。例えば，ソ連時代の代表的な新聞である『プラウダ』はソ連共産党の機関紙であったし，『イズヴェスチヤ』はソ連最高会議幹部会の公報紙であった。その他，地域別，分野別に多数の新聞が発行されていたが，いずれも同様の機関によって管理されていた。当然，テレビとラジオも特別に設置された国家委員会によって一元的に管理されていた。

ソ連時代でも，次第に都市化が進み，社会全体が大衆社会の状況を呈するようになると，共産党はイデオロギー的統制に苦慮するようになった。そこで共産党は，社会主義体制を強化し，発展させるのに役立つと考えられる情報については，安価で，かつ大量に国民に提供し，逆に体制の目的に適わないと見なされる情報については，徹底的に排除する政策を推し進めた。この過程は情報をふるい分けるさまざまな検閲機関を生み出したが，中でも有名なのがグラブリット（文学出版総局）と呼ばれる機関である。また，メディアに関わる人々については，重要職務にある者として，共産党中央員会の専門部局と治安機関がその言動に特別の注意を払った。この結果，ジャーナリスト等のメディア関係者の中に，体制との摩擦を回避するために，その要求に合わせて活動する習性が広まった。

こうして生まれたマスメディアの状態は，国民生活に幾つかの不都合をもたらした。例えば，身辺で深刻な犯罪や環境問題が発生していても，その公表が社会主義体制の名誉を傷つけると見なされれば，マスメディアでは取り上げられなかった。この点は1986年春にチェルノヴィリ原発事故が起こったときに非常に明瞭に示された。この事故の第一報を伝えたのは外国のマスメディアだったのである。

チェルノヴィリ以前にも，国民生活に関わる事件や事故がしばしば黙殺されていた。その代わりに新聞やラジオは，共産党が成し遂げた成果や社会主義体制の優位性を強調し続けた。国民の社会的関心を無視した政策は，社会の中に真偽の定かでない噂話や，社会状況や政治情勢を皮肉った小話（アネクドート）を蔓延させることになった。

(2) ゴルバチョフ期の変化

1985年（昭和60）に登場したゴルバチョフ書記長は，体制の立て直しに国民を巻き込む必要があると考え，こうした状況に挑戦した。具体的には，幾つかの新聞に信頼できる編集長を送り込み，社会で起こっている否定的現象をそのまま国民に伝えようとした。この動きは上述のチェルノブィリ事故を受けて人々の熱狂的支持を獲得し，彼が進める改革の重要な柱（グラースノスチ政策）となった。勢いを得たジャーナリストたちが，少年非行や麻薬問題などそれまでタブーとされてきた問題を次々に取り挙げるようになると，多くの人々が新聞や雑誌を争って読むようになった。

ここで注目すべきは，この情報公開政策はあくまで他の政策のためのものであったので，言論や報道の自由を支える法的制度に結びつかなかったことである。極論すれば，新聞やテレビは，共産党の政策が変わったので，それに従ってソ連体制の問題点を取り挙げたに過ぎなかった。共産党上層部の中には，こうした状況を見て，社会主義体制の否定的側面に注目するメディアの姿勢に不満を抱く者が出てきた。彼らは1988年3月に，ロシア連邦共和国閣僚会議の機関紙『ソヴィエツカヤ・ロシア』に一党員の名前で長大な意見書を掲載し，マスメディアの動向を批判した。この動きにゴルバチョフはすぐに反応し，『プラウダ』に反論を掲載した。彼は，この時点で党内上層部に改革に対する強力な反対意見があることを認めれば，改革は失速すると考えたのである。

こうしてゴルバチョフは党内に表れた批判を強引に封じ込めたが，社会の中では急速に多様な意見が広がっていった。翌年の人民代議員大会の選挙と，その後にテレビ中継された大会の様子もこの動きを強め，あたかもソ連に言論の自由や報道の自由が確立したかのような様相を呈した。しかし実際には，それらを支える法的制度は後追い状態にあった。

制度面で変化が生じたのは1990年になってからであった。まず6月に，第2章で述べたようにソ連憲法が修正され，ソ連共産党を指導的中核と定める第6条が変更された。それとほぼ同時に「出版物，その他のマスメディアに関する法律」がソ連最高会議で採択された。後者によって，ようやくマスメディアの自由と事前検閲制の廃止が確認された。ともかくもグラブリットの廃止の方向が示され，翌年7月にはマスメディア国家機密保護庁が新設された。しかしこの機関もソ連の崩壊とともに廃止され，関連する諸任務はロシア連邦の諸機関に引き継がれた。

2. 1990年代のマスメディア

(1) マスメディア法と憲法の成立

ロシア連邦共和国では，1991年（平成3）12月にマスメディア法が制定された。これにより，共産党を支える機関のみがマスメディアを管理・運営する体制が根本的に改められた。要件を充たせば，団体，企業，国家機関のみならず，市民もメディア企業を設立できるようになったのである。またこの法律は，法律に規定されていることを除けば，マスメディアはその活動を制限されないとする原則を明記した。マスメディアを国家の管理から独立させるという理念が，ここに明瞭に示されたのである。

しかし，この時期以降の政治的混乱のために，この法律に込められた理念を現実化することはきわめて困難であった。何よりも，大統領と最高会議の権力闘争はすぐにマスメディアの支配をめぐるものになった。同年から翌年にかけて『イズヴェスチヤ』紙の管轄権をめぐる対立が起き，テレビ電波の支配権をめぐる武力衝突が生じたのである。エリツィンはロシアに自由な体制を創出することこそ自らの使命だと主張したが，危機的な状況になると，報道の自由を守ることよりもマスメディアを支配することを優先した。他方，ジャーナリストの多くも，社会の状況を客観的に伝えることよりも，権力闘争の一方に加担して記事を書く傾向を示した。このために，政治報道はすべての社会勢力に公平で中立であるべきだとする一般的原則はマスメディアの中に定着しなかった。

それでも，第2章で述べたごとく，1993年憲法は市民の自由と権利を擁護する姿勢を明瞭に打ち出した。特に第29条5項は，明確に「マスメディアの自由は，これを保障する。検閲は，これを禁止する」と規定していた。憲法の作成者は，社会が安定すれば，政治権力とマスメディアの関係は欧米諸国のそれのようになると予想していたのである。しかしロシアの人々がそれを実現するためには，その前に社会経済体制を欧米諸国のようにする必要があった。この点で特に重要なのは，マスメディアの社会的位置づけ，とりわけ市場経済システムとの関係であった。

（2）市場経済の中のマスメディア

国家や共産党と離れた独立のメディアを立ち上げる動きは，1989年頃に顕著になった。幾つかの独立的な新聞や雑誌が創刊されたのである。これらの定期刊行物は，すぐに古くからの新聞や雑誌と読者を求めて競い合うようになった。ここで問題になったのはマスメディアの財政的基盤である。それまで国家の補助金を受けて非常に安く国民に提供されていた新聞や雑誌は，市場経済の導入とともに大幅な値上げを余儀なくされた。政府や議会などの諸機関はマスメディアに補助金を支給し続けたが，凄まじい勢いで進むインフレの前に意味を失っていたのである。結果としてマスメディアに生じたことは，以下の表に見ることができる。

表6-1　新聞・雑誌発行部数の推移

年	新聞数	新聞総発行部数（百万）	雑誌数	雑誌総発行部数（百万）
1989	4,772	38,249.8	1,068	2,621.3
1990	4,808	37,848.6	1,140	2,687.1
1991	4,863	27,303.6	1,301	1,483.7
1992	4,837	18,324.7	1,287	714.0
1993	4,650	9,196.2	1,385	290.4
1994	3,426	8,128.9	1,454	184.8
1995	5,101	8,795.3	1,544	169.7

出典：Novaia Rossiskaia entsiklopediia, Moskva, 2003, p.646.

この表からうかがえるように，1991年からロシアの活字メディアの発行部数は激減した。マスメディアの中には，顧客の注文に合わせて根も葉もない記事を掲載し，それで多額の謝礼を受け取って生き延びようとするものも出てきた。国民の知る権利に応えるマスメディアを生み出す動きは，導入したばかりの市場経済の荒波に翻弄されたのである。

この点で特に問題だったのは，新たにテレビ会社を支配するようになった人々の対応である。それまで一元的にテレビとラジオを管理していた国家委員会がソ連末期に解体され，ロシア国立ラジオ・テレビ会社（2001年に「ロシア放送」と改名）と地域レベルのテレビ会社として再編成されると，それぞれの地域の政治権力者や彼らの周辺にいた人々が管理者となり，その運営に当たるようになった。そうした人々の多くはマスメディアを，政治的影響力を行使するための手段，あるいはさらに，一般企業と同様の私的利益を追求するための手段だとみなした。

新興財閥（オリガルヒ）のグシンスキーは，そうした傾向を示した代表的人物と見なされている。彼は上記の地域テレビ局の一つを獲得し，1993年にロシア最初の商業テレビ会社NTV（独立テレビ）を創設した。NTVはすぐに全国ネットを持つ会社に成長した。また，別の新興財閥ベレゾフスキーもエリツィン政権に接近し，1994年にORT（公共テレビ）の支配権を握った。ORTはソ連全土にテレビやラジオの電波を送っていたオスタンキノ・テレビの一部を株式会社化して成立したもので，彼がその支配権を掌握した後も，国家がその株式の大半を保有していた。

新設のテレビ会社は，すぐに商品の宣伝などを通じて収益を挙げる一方で，社会的影響力を発揮するようになった。例えば1994年末からエリツィンがチェチェン独立派との「戦争」を始めると，NTVは軍事作戦の生々しい状況を伝えて国民の関心を惹きつけた。これに対してORTは，エリツィン擁護の立場を鮮明にした。こうして両社とも政治報道を利用して社会に対する甚大な影響力を獲得した。

1996年の大統領選挙は，このようなマスメディアの問題性をさらに明瞭に示す機会となった。この時は，共産党の党首ジュガーノフが大統領に当選すれば，いったん私有化された資産の再国有化が起こると考え，私有化によって巨額の資産を得ていた新興財閥がこぞってエリツィン支持に回った。特にマスメディを握る二人は，支配するテレビや雑誌などを動員してエリツィンに有利な報道を流し，その当選を助けた。

エリツィンは大統領として再選されると，ベレゾフスキーに安全保障会議副書記という要職を与えて，その功に報いた。彼はその地位に留まり続けることはなかったが，テレビの影響力を背景にして，以降も強大な政治的影響力を行使し続けた。他方グシンスキーも，NTVばかりかラジオ放送局や出版社を擁する一大メディア企業メディア・モスト社の経営者として君臨し，陰に陽に政治に影響を及ぼした。

3. 変化する権力とマスメディアの関係

（1）政治権力の強化

政治権力とマスメディアの関係は，1998年（平成10）8月の金融ショックとともに変化した。これによりロシアの株式が暴落した上に，広告収入が激減し，グシンスキーのメディア・モスト社は大打撃を受けた。こうした状況を利用して，大統領周辺の勢力はマスメディアに対する国家の規制を強めようとした。その第一歩が，1999年7月に起きたマスメディア省の新設である。同省はマスメディアの登録ばかりか，印刷，出版，放送の免許も交付する強力な権限を付与された。

さらに2000年6月には，突然にグシンスキーが詐欺横領罪などの容疑で逮捕される事件が起きた。当時，当選したばかりのプーチン大統領は言論の自由を統制するつもりはないと言明したが，NTVの人気キャスターのキセリョフなどは，逮捕はメディアへの攻撃だと批判した。しかし，国民の多くはこれまでのグシンスキーたちの行動に不信感を抱いていたので，傍観者の立場を取り続けた。こうして，瞬く間に彼の支配する独立テレビ（NTV）はガスプロム・メディア社に譲渡されることになり，グシンスキー本人は国外に逃れた。ガスプロム・メディア社は国家が支配権を握るガスプロム社の子会社であり，出国は当局との取引の一部であったようである。

同じことはベレゾフスキーにも起こった。彼は2000年夏まではORTを利用して，プーチンの原子力潜水艦クルスク号沈没事件に対する対応を批判していたが，9月に詐欺の容疑で検察庁の取り調べを受けると，たちまち保有していたORTの株式を別のオリガルヒ（新興財閥）に譲り渡して出国した。彼が持っていたORTの株式は，2001年夏までに国営銀行ズベルバンクに引き渡された。同様に，ベレゾフスキーが支配していたテレビ会社TV-6についても，2002年1月までにマスメディア省によって免許を取り消された。こうして，1990年代に強大な政治的影響力を示したテレビ会社は，プーチン大統領の登場とともに政治の周辺に追いやられた。

以上の状況は少しずつ報道に反映した。2002年10月のモスクワ劇場占拠事件では，NTVが政府機関の対応をかなり詳細に報じた。翌年1月に同社のヨルダン社長が突然に辞任したのは，このときの報道と関連していると言われた。実際2004年にベスランでチェチェン人ゲリラ勢力による学校襲撃事件が起きると，今度は2002年のときとまったく異なり，ロシアの三大テレビ放送（NTV，RTR（国営のロシア・チャンネル），2002年に第一チャンネルと改名されたORT）は，進行中の事件についてほとんど何も報道しなかった。2004年の事件が，2002年の事件のときよりも多い330人以上の犠牲者を出したことを考えれば，テレビ各社のこの姿勢は上からの規制をうかがわせるものだった。

あるいは，2002年7月に制定された過激活動対策法が，こうしたテレビ会社の姿勢に影響を与えていたのかもしれない。同法はその11条でマスメディアを利用して過激情報を流布したり，過激活動を行ったりした場合には，当該のマスメディアの活動は停止されると規定していた。同法の規定にある「過激活動」という言葉は，法案審議の段階から，拡大解釈が可能だとする懸念が表明されていた。

こうしてテレビの政治報道が影響力を減じると，今度はジャーナリストの殺害事件が注目されるようになった。2004年7月には，チェチェンにおける組織犯罪を調査していたロシア語版『フォーブス』誌の編集者クレブニコフが殺害された。そして2006年10月には，『ノーヴァヤ・ガゼータ』紙の記者ポリトコフスカヤが殺害された。彼女もチェチェンでの人権侵害について立ち入った調査報道を行っていた。ロシア国内では彼女の存在はほとんど知られておらず，この殺害事件は注目されなかったが，国外では文字通り衝撃をもって受けとめられた。

このとき国外では，プーチン自身がその強権的支配を推進するために，ジャーナリストの殺害に関わっているのではないかとする疑問まで出された。(この点では，イギリス亡命中の元KGB職員リトヴィネンコが，2006年に毒殺された事件も影響した)。しかしこれに対しては，確証のない議論だとする反論も出されている。実際，国際的に活動するジャーナリスト保護委員会が作成した資料を見ても，プーチンとジャーナリスト殺害事件を直接的に結びつけることは困難であった。同資料によれば，1992年から2013年夏までに職務上の活動をしていて殺害されたとみなされるロシアのジャーナリストは56人いたが，そのうちプーチンが大統領になった時期以降の被害者は25人であった。つまり，プーチン大統領登場後に事態が格別に悪化したとは言えないのである。

にもかかわらず，2000年代以降のロシアのジャーナリスト殺害事件が社会的関心を集めたのは，全般的な経済状況の改善と治安維持機関の活動の強化という二つの事実が，記者殺害と同時に起こっていたからだと考えられる。いずれにせよ，こうした事件がマスメディアの活動を委縮させ，政治権力に対する監視機能を弱める作用を果たしたことは否定できなかった。

(2) テレビ以外のメディア

こうした状況で，テレビ以外のメディアが注目されるようになった。

その第一は，経済の安定化を受けて急速に普及したインターネットである。2006年（平成18）の調査ではロシア国民の76％がインターネットを使っていないと答えたが，2011年半ばの同様の調査では，主としてインターネットを通じてニュースを得ていると答えた者が20％を超えるまでになった。この時期に大統領であったメドヴェージェフは，こうした状況に力づけられ，インターネットを利用して自分の意見を発信し続けた。この点で特に有名になったのが，2009年9月に彼が発表した論文「ロシアよ，前進せよ」である。ここでメドヴェージェフはロシア社会と経済の後進性を指摘し，その革新が必要だと説いた。明らかに彼は，インターネットに触れることが多い都市中間層に意図的に働きかけ，支持基盤を創り出そうとしたのである。

言うまでもなく，インターネット経由でニュースを得ている者と，もっぱら国内のテレビ放送を通じてニュースを得ている者の間では，大きな認識ギャップが生じている。例えば後者は，毎日のようにプーチンこそロシアの中で最も頼りになる人物だと印象付けるようなニュース番組を見ているが，インターネット利用者は，外国のマスメディアが流す情報に触れ，外国ではプーチンに批判的意見が出回っていることを知っているのである。

この状態は，2014年2月にウクライナで政変が起こると，すぐに問題を引き起こした。情報サイトのLenta.ruが3月にウクライナのナショナリストのインタビューを掲載すると，政府機関（Roskomnadzor「連邦コミュニケーション・情報技術・マスメディア監督庁」）が過激主義者の主張を広めたとして，警告を発したのである。この動きを受け，同サイトの編集長が辞任した。これにより，ウクライナ問題でロシア政府と異なる意見を伝えようとするジャーナリストの活動は実質的に規制された。今後も，インターネットと政府機関の間で，同様の緊張状況が続くと考えられる。

国内のメディアで第二に注目されるのは，ラジオ放送である。テレビが広まる1970年代以前には，ラジオは国家によって厳重に管理されていた。だがその状態は徐々に変化し，現在ではラジオはマスメディアの中で脇役的地位を占めるに過ぎない。しかしそうした変化とともに，放送内容に対する介入が弱まった。特にソ連崩壊後は，非国営のラジオ局が増えたこともあり，この点は明瞭になった。研究者によれば，非国営ラジオ局の数は1991年までに10局になり，1993年には20局になった。

新しくできたラジオ局の多くは，内外の音楽を流し，日常の出来事を淡々と伝えているのであるが，定期的に短いニュースを挟むのが通例である。仕事の合間や車の運転中に耳を傾ける多くの国民は，こうした番組を通じて内外の情勢についてイメージを作っているのである。

この点で特に注目されるのは，音楽よりもトークショーを売り物にするラジオ局である。このような放送局の中で特に重要なのが，1990年6月に創設された「モスクワのこだま」である。このモスクワ市を中心に電波を流す放送局は，ほぼ毎日のようにキャスターと出演者が幅広い社会問題を取り上げて話し合う形式の番組を流している。番組の間に出演者が発するコメントは普段は非政治的なのであるが，時に明瞭に政治家や権力に批判的になることがある。このために，これまで何度も欧米の新聞に「モスクワのこだま」はクレムリンの不興を招いて，閉鎖に追い込まれるのではないかとする観測記事が出された。

実際，同局は当初はメディア・モスト社の所有物であったが，現在ではガスプロム社の支配下にある。それにも拘わらず，モスクワのこだまは相対的に独立的な立場を維持し続けており，しばしば政治的・社会的話題を提供している。キャスターとリスナーの間の相互交流的な雰囲気が，同局に対する取り締まりを困難にしているように見える。同様のラジオ局はサンクトペテルブルクなどにも存在する。

テレビ以外のメディアで第三に注目されるのは活字メディアである。1998年の金融ショックを経て，活字メディアはようやく市場経済に対応し始めた。1990年代まで新聞や雑誌の作成に関与していた人々の中には，ソ連時代からの習性で，意見表明と事実報道の区別をしない者がかなり見られた。しかし現在では新しい世代がこの分野に参入し，欧米諸国のそれと同じようなスタイルの新聞や雑誌を発行している。

事実報道と経済情報に徹して成功した新聞の代表例が，読者数30万人と言われる高級紙『コンメルサント』である。同紙が1992年にビジネス情報中心の日刊紙として登場したときには，異質な存在として目立ったが，現在では1999年創刊の『ヴェードモスチ』など，類似の新聞が現れている。またこれとは異なるが，2007年創刊の『ニュー・タイムス/ノーヴォエ・ヴレーミア』のように，僅かな部数で刊行されているロシア語新聞も，インターネットなどを併用してその存在感を示している。同紙は，2011年8月に，M. ホドルコフスキーがカレリアの矯正収容所から送った資料を掲載したことで注目された。

活字メディアの目に付く復調傾向は，同紙の例に見られるように，インターネットとの相互乗り入れと無縁ではない。現在では発行部数の少ない活字メディアが，インターネットを通じて注目記事を広く社会に広めることが可能になっているのである。言うまでもなく，インターネットで注目された記事は，ラジオを通じても人々に伝えられている。この状況が1990年代と異なる活動環境を創り出している。

これとは別に，地方で活動する活字メディアも無視することはできない。この点では現在でも実情を把握するのは困難であるが，2005年の時点では，全国で約2万6,000点の新聞が登録され，そのうちの90％が地域レベルと市町村レベルの新聞だとする報告がある（このうち恒常的に刊行されているものは，半分ほどだと言われる)。こうした地方紙は，地域住民の貴重な情報源として一定の政治的機能を果たしているのである。

以上のごとく，現状ではロシアのマスメディアは，政治権力に影響を与えるほど強くはないが，他方では，完全に逼塞している状況にもないのである。インターネットが社会の中にますます広く浸透していく状況では，国外で流れている情報を遮断することは困難だと言えよう。

マスメディアは社会の公共性を生み出す機関として，権力と国民の双方にとって非常に重要な役割を果たしている。その自立性を支えるのは，国民の支持と健全な財政基盤である。ロシアのマスメディアについて，後者の点がどのように変化したのか考えるようにしよう。

演習問題

1．ロシアの例を参考にして，マスメディアと国民の関係を考えてみよう。民主主義のために理想的な関係とはどのようなものだろうか。
2．図書館などを利用して，各国の国民が主にどのようなメディアから毎日のニュースを得ているのか，調べてみよう。
3．インターネットを利用して，ロシアの政府機関の公式サイトに入ってみよう（例えばwww.kremlin.ru)。ロシア語版ばかりではなく，英語版もあるので，アップされている文書をどれか一つを読んでみよう。

7 ロシアの中央と地方の関係

横手慎二・中馬瑞貴

《目標＆ポイント》 連邦制をとるロシアの連邦中央と地方（連邦構成主体）の関係は，基本的に1993年憲法によって規定されている。しかし，この関係は1990年代と2000年代ではかなり異なっている。これは連邦中央の立場を強める改革が実施されたからである。ここでは，こうした変化の過程を，制度面を中心に押さえることが重要である。
《キーワード》 連邦制，中央集権化，連邦構成主体の首長

1. 非対称な連邦制

（1）社会・経済的格差

現在，ロシア連邦は80あまりの連邦構成主体によって構成されている。これらの連邦構成主体は，民族原則に基づく構成主体と地理的原則に基づく構成主体の二種類に大別される。前者は少数民族（非ロシア民族）が長年にわたって築いてきた地域的単位に基づくもので，後者は基本的に帝政時代から続く行政区画を引き継いだものである。前者の民族的構成主体は，さらに共和国，自治州，自治管区の三種類に区別され，後者の地理的原則に基づく構成主体は，州，辺区，特別市（モスクワなど）の三種類に区別される。連邦構成主体の名前がまちまちなのは，日本の都道府県と同じだと考えればよいだろう。

2014年3月になって，ウクライナ領であったクリミア自治共和国およびセヴァストーポリ市でロシアへの編入を求めるレファレンダムが行われた。ウクライナ政府はこの動きを違法と主張しているが，ロシア側が

この結果を受け入れて連邦構成主体の地位を与えたため，ロシア連邦の構成主体数が増大した。クリミア地域は長くタタール人が住んでいたが，帝政時代から次第にロシア人が居住するようになった。その状態で，ソ連時代の1954年にロシア連邦共和国からウクライナ連邦共和国に行政的帰属が変更されたことが，上記のレファレンダムの背景にある（親ロシア派は，元々ウクライナに含まれない地域だったと言うのである）。

クリミアの問題とは別に，ロシアの場合，連邦構成主体の間に非常に大きな格差が存在する。例えば，最も広いサハ共和国は，モスクワ市の2,800倍もの面積を有する。他方で，モスクワ市にはロシア連邦全体の約10分の1の人口が生活しているが，最も人口の少ないネネツ自治管区にはロシア全体の0.03％しか住んでいない。また気候の面でも大きく異なり，ロシア北部に位置するサハ共和国やヤマロ・ネネツ自治管区は亜寒帯・ツンドラ気候帯に位置するが，アストラハン州は亜熱帯の地帯にある。

社会的経済的観点から見ても，連邦構成主体間の格差はきわめて大きい。稀少鉱物資源の採取は，国内特定地域に偏っている。例えば，石油はチュメニ州，ハンティ・マンシ自治管区，ヤマロ・ネネツ自治管区，タタルスタン共和国などで採取されており，金はサハ共和国などで産出されている。一般に，こうした資源を有する地域（連邦構成主体）は経済発展が進んでおり，一人あたりの所得が高い。他方，資源や産業が乏しいシベリアや極北地域の経済状況はかなり見劣りがする。この点は，地域の治安の問題にも関わっている。紛争が多発している北カフカス地域も後者の事例の一つだと言えよう。

以下の表は，連邦構成主体を主要指標で比較したものである。これによって，地域間の大きな差が確認できるだろう。

表7-1　連邦構成主体の社会・経済指標

連邦構成主体	面積（1000 km^2）	人口（1,000人）	鉱業（100万RUB）	製造業（100万RUB）	農業（100万RUB）	平均賃金（RUB）	失業率（%）	資本投資（100万RUB）	首長	就任日
中央連邦管区										
ベルゴロド州	27.1	1,536.1	110,158	369,161	134,620	17,667.6	4.4	132,289	サフチェンコ，Ye.S.	1993.1
ブリャンスク州	34.9	1,264.4	370	91,982	33,192	13,912.0	7.1	48,617	デニン，N.V.	2004.12.19
ウラジーミル州	29.1	1,431.9	1,632	222,325	24,181	16,313.9	5.8	57,987	オルロヴァ，S.Yu.	2013.3.25
ヴォロネジ州	52.2	2,331.5	3,100	228,302	101,470	16,054.7	6.6	152,210	ゴルデエフ，A.V.	2009.3.12
イワノヴォ州	21.4	1,054.0	664	73,821	13,102	14,436.2	6.6	31,009	コニコフ，P.A.	2013.10.16
カルーガ州	29.8	1,008.2	1,530	356,188	24,625	20,000.8	5.6	69,172	アルタモノフ，A.D.	2000.11.12
コストロマ州	60.2	661.8	254	81,591	15,264	14,890.5	5.3	15,201	シトニコフ，S.K.	2012.4.28
クルスク州	30.0	1,121.6	53,257	94,857	56,531	16,240.8	6.5	58,244	ミハイロフ，A.N.	2000.11.8
リペツク州	24.0	1,165.9	3,655	355,824	47,418	17,010.4	4.9	117,790	コロリョフ，O.P.	1998.4.13
モスクワ州	45.8	7,198.7	7,456	1,425,058	100,414	28,585.6	3.7	393,043	ヴォロヴィヨフ，A.Yu.	2012.11.8
オリョール州	24.7	781.3	182	66,442	36,618	14,528.6	6.3	35,470	コズロフ，A.P.	2009.2.27
リャザン州	39.6	1,148.5	1,806	148,009	31,021	16,717.7	7.3	53,078	コヴァリョフ，O.I.	2008.4.12
スモレンスク州	49.8	980.5	1,270	121,947	18,621	16,189.4	7.7	60,564	オストロフスキーA.V.	2012.4.25
タンボフ州	34.5	1,082.6	969	80,490	51,962	14,292.9	6.6	65,601	ベチン，O.I.	1999.12.27
トヴェリ州	84.2	1,342.2	1,343	142,949	23,933	17,747.3	6.1	84,478	シェヴェレフ，A.V.	2011.7.7
トゥーラ州	25.7	1,544.5	2,310	308,752	29,769	17,225.1	5.3	72,579	グルズデフ，V.S.	2011.8.18
ヤロスラブリ州	36.2	1,271.0	1,433	191,968	21,824	18,111.0	5.2	69,894	ヤストレボフ，S.N.	2012.5.5
モスクワ市	1.1	11,612.9	643,044	2,405,167	-	44,898.7	1.4	843,142	ソビャニン，S.S.	2010.10.21
北西連邦管区										
カレリア共和国	180.5	639.7	51,772	56,072	4,693	22,173.9	8.7	29,698	フディライネン，A.P.	2012.5.24
コミ共和国	416.8	889.8	204,529	135,497	8,629	28,897.3	8.5	192,720	ガイゼル，V.M.	2010.1.15
アルハンゲリスク州	589.9	1,213.5	174,092	101,947	11,613	24,611.4	6.0	133,189	オルロフ，I.A.	2012.2.3
ネネツ自治管区	176.8	42.4	171,225	848	649	50,035.8	9.2	38,701	フョードロフ，I.G.	2009.2.24
ヴォログダ州	144.5	1,198.5	359	400,082	23,278	20,250.3	7.5	118,031	クフシンニコフ，O.A.	2011.12.28
カリニングラート州	15.1	946.8	16,594	275,795	18,196	19,911.1	9.2	68,958	ツカノフ，N.N.	2010.9.28
レニングラード州	83.9	1,733.9	9,384	449,543	57,733	23,302.6	4.4	304,770	ドロズデンコ，A.Yu.	2012.5.28
ムルマンスク州	144.9	788.0	82,722	87,229	3,245	32,341.6	8.8	55,765	コフトゥン，M.V.	2012.4.13
ノヴゴロド州	54.5	629.8	959	119,362	18,005	18,636.5	4.9	39,098	ミチン，S.G.	2007.8.7
プスコフ州	55.4	666.9	441	61,752	11,706	15,721.2	9.2	23,909	トゥルチャク，A.A.	2009.2.27
サンクトペテルブルク市	1.4	4,953.2	3,165	1,740,536	-	29,522.0	1.9	293,586	ポルタフチェンコ，G.S.	2011.8.22
南連邦管区										
アディゲ共和国	7.8	442.4	907	20,718	12,337	14,344.9	8.4	16,708	トハクシノフ，A.K.	2007.1.13
カルムイク共和国	74.7	286.7	1,705	1,171	13,874	12,559.1	14.2	9,269	オルロフ，A.M.	2010.10.24
クラスノダル辺区	75.5	5,284.5	18,334	385,870	239,235	18,416.0	6.0	676,201	トカチョフ，A.N.	2000.12.3
アストラハン州	49.0	1,015.0	32,246	47,863	20,930	17,022.8	8.9	68,744	ジルキン，A.A.	2004.12.23
ヴォルゴグラード州	112.9	2,594.8	39,243	441,571	76,111	16,191.5	6.9	100,789	ボジェノフ，S.A.	2012.2.2

ロストフ州	101.0	4,260.6	17,364	436,742	149,048	16,949.5	7.3	154,914	ゴルベフ，V.Yu.	2010.6.14
北カフカス連邦管区										
ダゲスタン共和国	50.3	2,930.5	2,898	24,808	57,182	11,235.8	12.8	134,927	アブドゥラティポフ，R.G.	2013.1.28
イングーシ共和国	3.6	430.5	775	1,094	4,476	14,513.2	48.8	4,466	エフクロフ，Yu.B.	2008.10.31
カバルジノ・バルカル共和国	12.5	859.0	109	27,704	27,737	13,011.5	10.8	17,654	カノコフ，A.V.	2005.9.28
カラチャイ・チェルケス共和国	14.3	474.7	1,615	23,424	19,197	12,446.9	9.6	14,001	テムレゾフ，R.B.	2011.3.1
北オセチア共和国	8.0	709.0	326	15,522	21,464	13,376.0	8.4	21,104	マムスロフ，T.D.	2005.6.7
チェチェン共和国	15.6	1,302.2	4,405	1,646	12,897	14,431.4	36.7	47,448	カディロフ，R.A.	2007.4.5
スタヴロポリ辺区	66.2	2,787.0	6,845	161,181	103,470	15,588.7	6.0	106,664	ゼレンコフ，V.G.	2012.5.5
沿ヴォルガ連邦管区										
バシコルトスタン共和国	142.9	4,064.3	117,016	824,214	108,922	18,397.0	7.7	184,883	ハミトフ，R.Z.	2010.7.19
マリ・エル共和国	23.4	692.4	281	72,786	21,911	14,001.2	10.0	26,628	マルケロフ，L.T.	2000.12.17
モルドヴィア共和国	26.1	825.4	237	88,601	37,817	13,305.1	5.2	46,570	ヴォルコフ，V.D.	2012.5.14
タタルスタン共和国	67.8	3,803.2	373,952	864,115	150,441	20,009.4	4.7	386,145	ミンニハノフ，R.N.	2010.3.25
ウドムルト共和国	42.1	1,518.1	113,253	158,015	45,466	15,843.3	7.0	60,899	ヴォルコフ，A.A.	1993.6
チュヴァシ共和国	18.3	1,247.0	484	114,603	32,122	14,896.3	7.7	55,522	イグナチエフ，M.V.	2010.8.29
ペルミ辺区	160.2	2,631.1	184,063	732,429	40,557	18,773.3	7.6	133,921	バサルギン，V.F.	2012.4.28
キーロフ州	120.4	1,327.9	681	129,040	27,809	14,579.0	8.4	37,800	ベールィフ，N.Yu.	2009.1.15
ニジェゴロド州	76.6	3,296.9	1,597	873,575	49,085	18,492.4	7.2	221,686	シャンツエフ，V.P.	2005.8.8
オレンブルク州	123.7	2,023.7	282,235	174,977	72,390	17,024.9	6.3	113,004	ベルク，Yu.A.	2010.6.15
ペンザ州	43.4	1,376.5	1,605	99,663	38,598	16,362.2	5.3	57,125	ボチカリョフ，V.K.	1998.4
サマラ州	53.6	3,214.1	145,226	689,251	50,982	18,600.3	5.1	198,744	メルクシキン，N.I.	2012.5.10
サラトフ州	101.2	2,508.8	18,191	208,323	89,475	16,204.7	6.0	100,686	ラダエフ，V.V.	2012.4.5
ウリヤノフスク州	37.2	1,282.1	7,135	134,265	29,541	15,008.6	6.9	61,768	モロゾフ，S.I	2004.12.26
ウラル連邦管区										
クルガン州	71.5	896.3	1,846	60,016	31,727	14,833.1	10.3	27,955	ボゴモロフO.A.	1996.12.8
スヴェルドロフスク州	194.3	4,307.6	70,638	1,094,825	56,587	22,179.2	7.3	371,938	クイヴァシェフ，Y.V.	2012.5.29
チュメニ州	1,464.2	3,459.4	3,060,890	906,594	60,902	42,289.0	5.9	1,295,650	ヤクシェフ，V.V.	2005.11.24
ハンティ・マンシ自治管区	534.8	1,561.2	2,332,816	108,903	7,654	45,498.1	6.3	648,649	コマロヴァ，N.V.	2010.3.1
ヤマロ・ネネツ自治管区	769.3	536.6	671,459	97,675	1,600	59,095.3	3.7	469,227	コブィルキン，D.N.	2010.3.16
チェリャビンスク州	88.5	3,480.1	22,603	925,767	84,385	20,015.0	6.7	174,362	ユーレヴィッチ，M.V.	2010.4.22
シベリアン連邦管区										
アルタイ共和国	92.9	208.4	862	1,296	8,020	15,632.4	13.4	11,802	ベルドニコフ，A.V.	2006.1.20
ブリャート共和国	351.3	971.4	12,808	51,115	13,044	19,924.0	9.1	41,017	ナゴヴィツィン，V.V.	2007.7.10

トゥイヴァ共和国	168.6	309.4	3,376	514	4,648	19,163.1	18.4	7,033	カラ・オール，Sh.V.	2007.4.6
ハカシヤ共和国	61.6	532.2	26,536	56,595	9,371	20,689.5	7.0	38,064	ジミン，V.M.	2009.1.15
アルタイ辺区	168.0	2,407.2	6,041	189,279	93,784	13,822.6	8.7	70,833	カルリン，A.B.	2005.8.25
ザバイカル辺区	431.9	1,099.4	40,377	14,365	15,154	21,099.6	10.9	51,557	イリコフスキー，K.K.	2013.9.18
クラスノヤルスク辺区	2,366.8	2,838.4	266,636	628,113	68,598	25,658.6	6.1	303,885	クズネツォフ，L.V.	2010.2.17
イルクーツク州	774.8	2,424.4	129,795	299,406	43,610	22,647.7	9.2	137,995	エロシチェンコ，S.V.	2012.5.29
ケメロヴォ州	95.7	2,750.8	507,993	385,413	38,044	20,478.8	8.2	225,131	トゥレエフ，A.M.	1997.7.1
ノヴォシビルスク州	177.8	2,686.9	19,674	249,816	60,425	20,308.5	6.8	142,078	ユルチェンコ，V.A.	2010.9.22
オムスク州	141.1	1,974.8	4,411	529,355	66,911	19,087.8	7.8	83,342	ナザロフ．B.I.	2012.5.21
トムスク州	314.4	1,057.7	137,513	100,598	19,420	24,001.0	9.1	101,927	ジヴァチキン，S.A.	2012.3.17
極東連邦管区										
サハ共和国（ヤクーチヤ）	3,083.5	955.8	285,757	28,002	18,840	34,051.5	8.8	165,972	ボリソフ，Ye.A.	2010.6.17
カムチャッカ辺区	464.3	320.2	6,439	39,742	5,272	39,325.9	6.3	33,843	イリューヒン，V.I.	2011.3.3
沿海辺区	164.7	1,950.5	14,195	127,103	26,057	24,423.0	8.1	278,378	ミクルシェフスキー，V.V.	2012.3.16
ハバロフスク辺区	787.6	1,342.5	29,187	115,875	17,247	26,155.7	6.8	176,654	シポルト，V.I.	2009.5.6
アムール州	361.9	821.6	49,973	20,829	28,415	24,202.1	6.1	123,232	コジェミャコ，O.N	2008.10.20
マガダン州	462.5	154.5	41,815	3,899	1,713	41,933.7	4.5	18,897	ペチョヌィ，V.P.	2013.9.18
サハリン州	87.1	495.4	502,527	24,193	7,882	38,770.7	8.2	181,298	ホロシャヴィン，A.V.	2007.8.11
ユダヤ自治州	36.3	174.4	402	3,073	6,244	22,927.5	8.8	26,626	ヴィンニコフ，A.A.	2010.2.25
チュコト自治管区	721.5	51.0	38,547	744	663	53,369.3	5.4	9,007	コピン，R.V.	2008.7.24

出典：『ロシアの地方：社会経済指標2012』ロシア連邦統計局。首長は2013年10月30日現在。

（2）連邦政府の格差是正政策

ロシア連邦政府はその成立以来，連邦中央からの財政移転制度を通じて連邦構成主体間の格差是正に取り組んできた。また，特定地域を対象とした大規模な発展計画を策定し，その地域の社会経済的発展に努めてきた。しかし，実際にはこうした政策は，1990年代の経済的混乱のために意図したようには進まなかった。計画に即した予算の執行によって一定の成果をあげるようになったのは，2000年以降のことである。この点で典型的なのが1996年（平成8）に採択された「極東ザバイカル発展プログラム」で，当初はこのプログラムの事業費は財源が曖昧で，計画はほとんど実行されなかった。このため，2006年（平成18）の改訂で連邦予算を主な財源とする計画に変更され，ようやく一定の成果を収めたのである。他にも「北カフカス発展プログラム」や「カリーニングラード州発展プログラム」などが実施されている。

さらに近年では，2012年のウラジヴォストークにおけるAPEC首脳会談，2014年のソチ・オリンピックなどに見られるように，国際的なイベントの開催に合わせて開催地域周辺のインフラ整備を進める例も目立っている。これらはプーチン政権の業績の一つとみることができよう。

2. 連邦制の変化

(1) ソ連崩壊と地方の自立

ソ連末期に連邦共和国が主権宣言や独立宣言を行う中で，ロシア連邦共和国内の自治共和国も次々と主権宣言を採択した。中でもチェチェン・イングーシ自治共和国に於いては，1991年の秋からチェチェン人による独立運動が活発化した。

ロシア政府は，ロシアがソ連の二の舞を踏むことを恐れて，民族共和国（ソ連時代の自治共和国）に対して，ロシア国内に留まるよう働きかけた。ここで通常であれば，連邦政府と連邦構成主体の政府が権限区分のための交渉を行い，その結果を憲法で規定するはずであるが，ソ連が解体に向かう混乱の中では，ロシア憲法の作成は難航を極めた。(第2章を参照)。そこでロシア政府は，憲法が制定される前に，連邦政府と連邦構成主体との間で権限区分に関する条約を締結し，ロシアの一体性を守る動きに出た。

こうして，連邦政府と民族共和国政府，連邦政府と州・辺区・特別市政府，連邦政府と自治州・自治管区政府という三種類の連邦条約が締結された。この中で特に大きな意味を持ったのは，連邦政府と民族共和国政府の間で締結された連邦条約である。この種の連邦条約では，共和国が主権を持つことや，ソ連崩壊前に共和国が発表した主権宣言を尊重することが規定された。明らかに連邦政府が譲歩したのである。しかしその一方では，連邦政府は，かつてソ連憲法が連邦共和国に認めていた連邦離脱権を認めなかった。このためもあって，分離独立を目指すチェチェン・イングーシ共和国や，ロシアと対等の主権国家を目指すタタルスタン共和国は，連邦条約に調印することを拒否した。

また，連邦条約に対しては，共和国と格差をつけられた一部の州や辺区も不満を表明した。例えば，ヴォログダ州やスヴェルドロフスク州は「州」から「共和国」へ格上げするよう要求した。特に後者の場合は，周辺諸州を含む「ウラル共和国」を創設するとまで宣言した。

こうした不満を背景にして，1993年（平成5）にようやく実施された憲法制定に関する国民投票では，共和国では投票率も賛成票率もかなり全国レベルより低かった。このとき共和国の側は，新憲法第5条の「連邦構成主体は連邦中央との関係において同権である」という規定では，連邦条約などで獲得した共和国優位の規定が失われ，州などと平等の連邦構成主体に格下げされると受け止めたのである。しかし新憲法はこの種の不満を予め想定しており，第11条で「連邦中央と連邦構成主体の間の管轄事項および権限の分割は，連邦憲法，連邦条約，ならびにそのほかの条約によって行う」と規定していた。つまり，「そのほかの条約」を個別に交渉することによって，共和国などの連邦構成主体に特別の権限を与える余地が残されたのである。こうして，憲法制定後，連邦政府は各連邦構成主体政府と個別に権限分割条約交渉を行うことになった。

この交渉で特に問題になったのは，連邦条約を締結しなかったタタルスタンである。結局，1994年2月に締結された権限分割条約では，連邦政府はタタルスタン共和国に対して，連邦憲法を逸脱した権限を認めた。他にもバシコルトスタンやサハなど五つの共和国との権限分割条約においても，連邦政府は同様の譲歩を行った。

タタルスタンについては，この条約締結でともかくも連邦内に留まることが決まったが，域内のイングーシ民族と分離して成立したチェチェン共和国の場合には，あくまで独立を主張して譲らなかった。この結果，1994年にはロシア政府軍とチェチェン政府軍の間で第一次チェチェン戦争が勃発した。(以後の民族共和国の状況については，次章参照)。

ところでこれとは別に，州や辺区の中にも，連邦政府が共和国だけに特別な権限を認めたことに不満を表すものが出てきた。そこで連邦政府は，これらの州や辺区との間でも権限分割条約を締結することにした。特に1996年の大統領選挙前後には，エリツィン政権は各構成主体の支持を何とか取り付けたいと考え，次々と連邦構成主体と間で権限分割条約を締結した。この結果，1998年6月までに46もの権限分割条約が成立し，連邦制そのものの法的制度的枠組みを弱めることになった。連邦制が有するはずの制度的包括性が失われたのである。

（2）中央集権化の動き

過度に分権化が進んだ連邦制に対して，1990年代後半から国内各方面で警鐘が鳴らされた。連邦政府内では，1996年3月に大統領府の中に設置された監督総局が，連邦法や連邦政府の政策の構成主体における執行状況を監督することになった。特に1997年にプーチンが同局局長になると，監督総局は構成主体の憲法違反問題を取り上げるようになった。

1998年8月に金融危機が起こると，ロシアの連邦制はその脆弱性を曝け出した。連邦構成主体の中には，独自の財源を確保するために連邦政府への税金の引き渡しを拒んだり，域外への物品の搬出に特別な関税をかけたりするものも現れたのである。この状況は，改めて連邦制の改革を促すものとなった。

こうして，金融危機後に首相に就任したプリマコフは，連邦構成主体による憲法違反を厳しく批判し，連邦制改革を優先的政策課題として提示した。1999年1月に彼が打ち出したのは，①国内の統一，②構成主体の平等と独自性の維持，③中央と地方の垂直的構造，④権限分割条約の法的審査の強化，⑤中央と地方の所有財産関係の明確化，⑥財政の相互関係の明確化，⑦構成主体数の削減という7点であった。しかし，この時点では，彼の提案は連邦議会などで十分な支持が得られなかった。

それでも，プリマコフが指摘した権限分割条約の法的審査については一定の進捗がみられ，1999年6月に「連邦中央と連邦構成主体の間の管轄事項および権限分割の原則および手続きについての連邦法」が制定された。以降，憲法の内容を逸脱した権限配分は禁止され，既に締結されている権限分割条約についても，三年以内に憲法の条文から逸脱した部分を修正し，条文に適合させることになった。

あわせて1999年には，「連邦構成主体の国際関係および通商関係の調整についての連邦法」，「連邦構成主体の立法機関および執行機関の組織一般原則についての連邦法」，「連邦構成主体の経済協力協議会の組織および活動の一般原則についての連邦法」などの法律が採択され，連邦構成主体の管轄事項について法的一体性を創出する動きが始まった。

こうしてロシア国内では1990年代末から中央集権化の動きが目立つようになった。この点は，連邦中央にあったプーチンの動静とも関連していた。彼は1999年9月に首相に就任する前に，連邦保安庁長官，地域政策担当の連邦大統領府第一副長官などを歴任していた。

3．連邦制の制度的変化

（1）第一次プーチン政権期（2000～2008年）の中央集権化政策

2000年以降，中央集権制の強化に向けてさまざまな改革が実施された。第一に，2000年5月に，連邦構成主体を7連邦管区（中央，北西，南，沿ヴォルガ，ウラル，シベリア，極東）に分け，各管区に大統領の任命する全権代表を配置する制度が導入された。この全権代表の主な任務は，担当地域で連邦政府の定める政策の実施状況を監督し，併せて連邦憲法および連邦法と連邦構成主体法の矛盾を修正させることであった。他にも全権代表は，構成主体にある連邦省庁の出先機関の人事に関与した。これにより内務省や司法省などの連邦政府機関は，連邦管区ごとに置かれた出先機関を通じて，監視機能を強めることになった。

ところで，このとき全権代表に任命された者は大半が軍や内務省など治安維持機関の出身者であった。プーチンは彼らを登用することによって，連邦体制の統制を図り，垂直的秩序を回復しようとしたのである。

中央集権化を目指す改革の第二は，7月に，連邦構成主体首長を解任する権限を連邦大統領に認める法律が採択されたことである。首長が連邦憲法や連邦法に違反した場合に，連邦大統領は警告を出し，この警告に首長が従わなかった場合に彼を解任できるとしたのである。実際には，この権限は現在まで行使されておらず，脅し的機能を果たすにとどまっている。

第三に同年8月には，上院編成法が改正された。これまでは連邦構成主体の首長と議会議長が自動的に上院（連邦会議）議員を兼務していたのであるが，プーチンはこの制度を廃止し，首長が任命する連邦構成主体執行機関の代表と，連邦構成主体議会が選出する構成主体議会の代表が上院議員になる制度に改めたのである。これによって，連邦構成主体の首長は連邦の政策に直接的に関与する機会を剥奪されたのである。

2004年の大統領再選後，プーチンは連邦構成主体首長の選出制度を変更した。1996年の大統領選挙後には，ほぼすべての連邦構成主体において首長選出の選挙が実施された。住民の支持を受けて選出された首長は，その構成主体に於いて非常に大きな影響力を持つようになった。これに対してプーチンは，2004年2月のモスクワ地下鉄爆破事件，同年8月の航空機爆破事件，さらに同年9月の北オセチア共和国のベスランに於ける学校占拠事件を契機に，連邦構成主体の統制力を強める必要があると主張し，首長の直接選挙制度を廃止した。その代わりに導入したのが，連邦大統領が首長を任命する制度である。ただし，連邦大統領が独断で任命するのではなく，連邦管区全権代表によって選ばれた三人以上の候補者の中から，連邦大統領が一人を首長候補として連邦構成主体の議会に提案し，その承認を得ることにした。

しかし，2003年以降の状況では，すでに連邦構成主体の議会の多くで統一ロシアが議会第一党となっていたので，プーチン大統領の意向がこれらの議会において覆されることは考え難かった。このため，このとき導入された首長任命制は一般に「大統領任命制」として理解されている。

以上のごとく，2008年までに1990年代に見られた分権的な中央・地方関係はすっかり影を潜め，代わりに連邦全体で統一的な法制度が目立つようになった。しかしここでは，以上のような動きに，連邦構成主体の首長が反対らしい反対を表明しなかった事実も無視されてはならないだろう。実際，ロシアの研究者によってもこの点は指摘されており，直接選挙制から「大統領任命制」に代わったことで，首長の連続三選禁止の規程が廃止され，同じ人物が三期15年以上首長を務めることが可能となったこと，また，経済的に弱い連邦構成主体の首長にとっては，過度に分権的な連邦関係よりも連邦政府に権限を集中し，その後に平等に権限や資源を分配する方が地域の社会経済発展に望ましいと考えられたことが，彼らの容認姿勢を生み出したのではないかと推測されている。いずれにしても，ここで働く力学には中央と地方の相互作用だけではなく，首長などのプレーヤーの利害も重要な意味を持っていたのである。

(2) メドヴェージェフ政権下の改革

2008年（平成20）にメドヴェージェフが大統領に就任すると，彼はプーチンの路線と異なる方針を打ち出した。彼が変更した第一点は，連邦構成主体の首長候補者の選定を，連邦管区全権代表ではなく，連邦構成主体議会の第一党に委ねたことである。またメドヴェージェフは，連邦上院議員についても選出法を僅かに変更し，連邦構成主体の議会，または地方自治体議会の議員が承認することにした。後者は，住民との距離が近い地方議会を重視したものと見ることができる。

メドヴェージェフの新方針の第二点は，ソ連崩壊後20年近く連邦構成主体に君臨し続けた首長を辞職に追い込む動きに出たことである。この結果，連邦上院議長を務めた有力政治家ストロエフ・オリョール州知事や，連邦構成主体間の権限の不平等状態に不満を主張しつづけたロッセリ・スヴェルドロフスク州知事，ソ連末期から共和国の主権を主張し続けたシャイミーエフ・タタルスタン共和国大統領やラヒモフ・バシコルトスタン共和国大統領などが辞任した。このような動きの中で最も物議を醸したのが，モスクワ市長ルシコフの解任事件である。このときルシコフは大統領の意向にもかかわらず職を去ろうとせず，敢然と抵抗したために，メドヴェージェフ大統領が公然と彼の解任を求めたのである。

メドヴェージェフの新方針の第三点は，その任期満了直前の2012年2月に表明された。それは，連邦大統領による首長任命制を廃止し，住民による首長選挙を復活させるというものだった。ただし，細かく見ると，新選挙制度は1990年代のそれとは異なる点がある。例えば，候補者の選定に際して大統領が事前に意見を述べることが可能となった。また，基本的に政党推薦の候補者しか，首長選挙に出馬できないものとした。

この新しい選挙制度は，メドヴェージェフが大統領職を去り，第二次プーチン政権が発足した後に，実際に施行された。首長選挙が復活したのである。しかし2013年9月の選挙では現職の首長のみが当選している。しかもプーチン期になって新たに採択された法改正によって，間接選挙も認められるようになった。以上見てきたごとく，連邦制度は現在も安定しておらず，改革が繰り返されているのである。

連邦側を生みだす力学は国によって異なるために，比較がなかなか難しい。ソ連の連邦制からロシアの連邦制へと変化した動きもきわめて独特である。ここでは，この地域の連邦制が全体的にどのように成立してきたのか，中央・地方関係として，具体的な政治過程の中で捉えるようにしよう。

演習問題

1．ロシアの連邦制と，アメリカやカナダなど他の連邦国家のそれとの違いを考えてみよう。
2．エリツィン，プーチン，メドヴェージェフの三人について，連邦制および中央・地方関係に関わる政策を比較してみよう。
3．メドヴェージェフの連邦政策が，ロシア全体の政治的配置に与えた影響を考えてみよう。特に，地方政治の大物政治家の退出が持つ意味を考えてみよう。

8 ロシアの中央と民族地域

横手慎二・中馬瑞貴

《目標＆ポイント》 ロシア政治において，非ロシア民族が多い地域（連邦構成主体）では，民族的ロシア人が多数を占める地域と異なる中央と地方の関係が生じている。そこで，ここでは北カフカスやウラルなど，非ロシア民族の多い地域における中央・地方関係を扱う。前章の内容と比較し，民族地域の特殊性を理解することが大事である。
《キーワード》 主権，民族問題，チェチェン紛争，経済的資源

1. 民族地域に対する中央の政策の変化

（1）ロシアの多民族性

ロシア語には「ロシア人」を意味する単語が二つある。民族的ロシア人を意味する「ルースキー（Russkii/Русский)」とロシア国民を意味する「ラッシヤーニン（Rossiyanin/Россиянин）である。第1章で述べたように，ロシア国民はロシア民族だけを意味するものではない。

また，ロシアは1991年にソ連が崩壊して以来，旧ソ連地域に住むロシア系の人々（民族的にロシア民族に属する者，ロシア語を母語とする者など）を「同胞」と称し，ロシア国民と同じように保護する意向を示している。2014年のウクライナにおける親ロシア住民の離脱の動きは，こうしたロシア政府の姿勢と結びつくことによってウクライナ政府を追い詰め，大きな国際的紛争をひき起こした。ロシア系が多く住むエストニアやカザフスタンなどでも同様の紛争が発生する可能性があると言えよう。

ところで，ロシア連邦に住む民族の数を正確に示すことは難しい。2010年（平成22）に行われた国勢調査では，145の民族とその下のカテゴリーである49のエスニックグループが表記された。しかし，「上記以外の民族」と回答する者もいたので，分類数は200近いと考えられる。全人口1億4,295万人のうち，民族的ロシア人（ルースキー）であると回答した者は1億1,102万人（77.7 %で）であり，以下人数の多い民族を順にあげると，タタール人531万人（3.7 %），ウクライナ人193万人（1.4 %），バシキール人158万人（1.1 %），チュヴァシ人144万人（1.0 %），チェチェン人143万人（1.0 %）という具合になる。

第7章でも説明した通り，ロシア連邦には民族原則に基づく連邦構成主体と地理的に区分された連邦構成主体が存在する。タタール人のタタルスタン共和国，バシキール人のバシコルトスタン共和国，チェチェン人のチェチェン共和国，ユダヤ人のユダヤ人自治州などが前者にあたるのに対し，モスクワ市，スヴェルドロフスク州，沿海辺区などが地理的原則に基づいて区分けされた連邦構成主体である。民族原則に基づく連邦構成主体においては，冠名民族（タタルスタンにおけるタタール人，バシコルトスタンにおけるバシキール人など）が人口の多数派を占める連邦構成主体とそうでない連邦構成主体がある。チェチェンやイングーシ共和国では冠名民族が人口の90 %以上，トゥィヴァ共和国で80 %以上となっているが，ハカシヤ共和国，カレリア共和国，ユダヤ人自治州では冠名の民族は各々の人口の20 %以下である。

こうした事実は表8-1によって確認できるだろう。これは，民族共和国，自治州，自治管区の冠名民族の分布状況をまとめたものである。

表8-1　民族構成主体における冠名民族の人口

連邦構成主体	民族名称	構成主体の全人口（人）	冠名民族の人口（人）	冠名民族の割合（%）	連邦全体の民族の人口（人）	民族名の構成主体に住む割合（%）*
連邦全体					142,946,788	
	民族的ロシア人				111,016,896	
タタルスタン共和国	タタール人	3,786,488	2,012,571	53.15	5,310,649	37.90
バシコルトスタン共和国	バシキール人	4,072,292	1,172,287	28.79	1,584,554	73.98
チュヴァシ共和国	チュヴァシ人	1,251,619	814,750	65.10	1,435,872	56.74
チェチェン共和国	チェチェン人	1,268,989	1,206,551	95.08	1,431,360	84.29
モルダヴィア共和国	モルドヴァ人	834,755	333,112	39.91	744,237	44.76
ウドムルト共和国	ウドムルト人	1,521,420	410,584	26.99	552,299	74.34
マリ・エル共和国	マリー人	696,459	290,863	41.76	547,605	53.12
北オセチア共和国	オセット人	712,980	459,688	64.47	528,215	87.03
カバルディノ・バルカル共和国**	カバルディン人 バルカル人	859,939	490,453/ 108,577	57.00/ 12.63	516,826/ 112,924	94.90/ 96.15
サハ共和国（ヤクーチヤ）	ヤクート人	958,528	466,492	48.67	478,085	97.58
ブリヤート共和国	ブリヤート人	972,021	286,839	29.51	461,389	62.17
イングーシ共和国	イングーシ人	412,529	385,537	93.46	444,833	86.67
トゥィヴァ共和国	トゥィヴァ人	307,930	249,299	80.96	263,934	94.46
コミ共和国	コミ人	901,189	202,348	22.45	228,235	88.66
カラチャイ・チェルケス共和国**	カラチャイ人 チェルケス人	477,859	194,324/ 56,466	40.67/ 11.82	218,403/ 73,184	88.97/ 77.16
カルムイク共和国	カルムィク人	289,481	162,740	56.22	183,372	88.75
ユダヤ自治州	ユダヤ人	176,558	1,628	0.92	156,801	1.04
アディゲ共和国	アディゲ人	439,996	107,048	24.33	124,835	85.75
アルタイ共和国	アルタイ人	206,168	68,814	33.38	74,238	92.69
ハカシヤ共和国	ハカシ人	532,403	63,643	11.95	72,959	87.23
カレリア共和国	カレリ人	643,548	45,570	7.08	60,815	74.93
ネネツ自治管区	ネネツ人	42,090	7,504	17.83	44,640	16.81
ハンティ・マンシ自治管区**	ハンティ人 マンシ人	1,532,243	19,068/ 10,977	1.24/ 0.72	30,943/ 12,269	61.62/ 89.47
チュコト自治管区	チュクチ人	50,526	12,772	25.28	15,908	80.29
ダゲスタン共和国***		2,910,249				
ヤマロ・ネネツ自治管区***		522,904				

出典：2010年全ロシア人口調査結果（連邦国家統計局HPより。http://www.gks.ru）

（注）**二つの民族名を併記している構成主体については両民族について記載。

***「ダゲスタン」,「ヤマロ・ネネツ」は民族名ではない。

（2）民族地域に見る中央・地方関係の変化

ロシアの民族地域（ソ連時代の自治共和国，自治州，自治管区，ロシアにおける共和国，自治州，自治管区）の連邦への帰属や主権の問題は，ソ連時代から議論されてきた。ペレストロイカ末期にソ連を構成する15の連邦構成共和国が主権宣言をした際に，ロシア共和国内の自治共和国の中にも主権宣言を行ったものがあった。ソ連からの独立，あるいはより大きな自治的権限を目指すという点では，ソ連を構成する連邦共和国もロシア連邦共和国内の自治共和国も同じであった。当時ロシア指導部は，ロシア連邦共和国のソ連からの自立を求めつつ，同時に，自分たちの領土的一体性を守らねばならなかったので，非常に複雑な状況に置かれた。

結局，内部の自治共和国が主権や権限の拡大を主張する状況を放置したままで，ロシアはソ連から独立した。このために，ロシアの自治共和国の中には，主権や独立を獲得できないことに強い不満を表明するものもあった。特に強く反発したのが，前章でも指摘した通り，チェチェンとタタルスタンで，両共和国はロシア連邦への帰属を認める内容を含む連邦条約の締結を拒否した。

その後の連邦憲法制定過程においても，この問題が大きな論点になった。人民代議員大会と対立が続くエリツィン大統領は，憲法制定を優位に進めるために連邦構成主体の支持を取りつけようと考え，憲法草案に民族共和国に譲歩する内容を多く盛り込んだ。ところが，1993年（平成5）に大統領と人民代議員大会の対立に終止符が打たれると，一転してエリツィンは連邦構成主体への譲歩を見直し始めた。例えば，当初の憲法草案は，共和国を「主権」共和国と規定し，連邦脱退の権限，連邦法に対する共和国法の優位，天然資源の所有権，国籍とは異なる市民権の保障などを認めていた。しかし，最終案ではこれらの譲歩項目は削除された。また憲法第5条には,「すべての連邦構成主体は連邦中央との関係において同権である」という条項が盛り込まれ，民族共和国と州などの連邦構成主体との間に格差を認めない姿勢が示された。

それでも連邦中央は，民族共和国に対して憲法の制定とロシア語以外の言語の利用を認め，その独自性を保障することにし，その他の点では，個別に締結する予定の権限分割条約に委ねることにした。このため，この後，民族共和国は連邦中央と構成主体の間の権限の分割が認められるとする憲法規定を利用して，独自の権限を獲得する方向へ向かった。

この結果，1994年2月のタタルスタン共和国に始まり，1995年末までに締結された権限分割条約（6共和国と結ばれた）には，連邦憲法の規定に反する内容も見られた。ソ連崩壊後のロシアにおける経済的・社会的混乱の中で，民族地域の連邦構成主体は経済問題（税制優遇や天然資源の所有など）と民族問題（言語や国籍）で，できる限りその権限を拡大しようとしたのである。こうして生み出された権限分割条約は，一部の民族共和国を優遇し，連邦構成主体の間に格差を生みだした。

しかし，前章で指摘した通り，1990年代後半には，権限分割条約を含む連邦制に対する見直しを求める意見が強まり，1999年6月に権限分割の原則を規定する連邦法が制定された。この法律は権限分割条約の締結を制限し，連邦憲法や連邦法に矛盾する規定を禁ずる内容のものだった。この法律によって，すべての構成主体に共通する条約締結手続きが規定され，中央と構成主体の個別の関係を修正する動きが促進された。

その後，大統領として登場したプーチンは，連邦中央の権限を強める政策を次々と実現していった。こうした圧力を受けて，多くの連邦構成主体は自主的に権限分割条約を破棄する方向に向かった。また，2003年7月には権限分割条約の廃止規定を含む連邦法が制定された。これによって，それまでに締結されたすべての権限分割条約が効力を失った。

また，前章で述べた如く，連邦制の改革で連邦構成主体の首長は連邦会議（上院）議員のポストを剥奪されたのであるが，その際，プーチン政権は代わりに首長で構成される国家評議会を設置し，連邦政府の諮問機関として連邦の政策決定過程に関与する途を開いた。また，連邦大統領や連邦政府が設置した各種の委員会に首長も多数加えられた。例えば，中央と地方の権限分割の見直しに関する委員会には，タタルスタンのシャイミーエフ大統領をはじめとしてたくさんの首長が加わった。さらに，知事任命制導入によって連邦中央の権限を強める一方で，三選禁止の規則を廃止し，首長たちに長期間，首長職に留まれる可能性を示した。以上のごとき政策が功を奏して，中央・地方関係の修正はほとんど抵抗を受けることなく進行したのである。

2. 北カフカス地域の民族問題

（1）チェチェン共和国

次に具体的に民族地域の状況を見てみよう。まずロシア南部の北カフカス地域が重要である。この地域はロシア全土で最も民族問題が深刻だからである。2000年（平成12）に連邦管区制度が導入された際に，この地域は南部連邦管区に含まれていたが，2008年に南部連邦管区が分割された後は，分化した北カフカス連邦管区に入れられた。

北カフカス連邦管区は7連邦構成主体で構成され，スタヴロポリ辺区を除く六つの共和国は民族分布が非常に複雑である。すなわち，その中には二つの主要民族で構成されている共和国（カラチャイ・チェルケス，カバルディノ・バルカル）もあれば，ダゲスタンのように10以上の大きな民族から成る共和国もある。さらには，北オセチアのように同じ民族が，南オセチアとして隣国（グルジア）に属している共和国も含まれていた（南オセチアは2008年にロシアによって独立国として承認された）。この時点で連邦副首相が北カフカス連邦管区の全権代表を兼任したのは，おそらくはこうした複雑な民族状況に対応していた。

この地域で最も注目されてきたのがチェチェン共和国である。同国は，ソ連時代の1990年8月にチェチェン・イングーシ自治共和国として主権宣言を発し，上で述べたように，1992年にはタタルスタンとともに連邦条約の締結を拒否する姿勢を示した。当時，チェチェン独立を指揮したドゥダエフは，1991年10月の大統領選挙で90.1％の得票率で大統領になった。彼は独立を強く主張する一方で，ロシア語をチェチェン語と並ぶ国家語と定め，議会や内閣にロシア人を含める政策を採用した。しかし，こうした政策に反発する急進的独立派もおり，共和国内では当初から対立が起きていた。

1992年6月にチェチェン共和国とイングーシ共和国が分裂し，後者が連邦への帰属を選択し，さらに1994年2月に連邦中央がタタルスタンと権限分割条約を締結したことから，この時点でチェチェン共和国だけが連邦体制を拒否する地域として残った。この状況で，連邦中央は，チェチェンにおける運動が周辺のイングーシや北オセチアなどを刺激することを危惧し，独立運動勢力に対して強硬策で臨むようになった。

こうして1994年12月に第一次チェチェン紛争（戦争）が勃発した。この紛争は多数の死傷者を出して泥沼化し，1996年8月になってようやくレベジ連邦安全保障会議書記とマスハドフ・チェチェン参謀長との間で休戦協定が締結された。(これはハサヴュルト合意と呼ばれる)。この合意によってマスハドフが首相に就任し，翌年1月の大統領選挙の実施が決まった。(ドゥダエフは第一次チェチェン紛争の戦闘中に死亡した)。

この時の大統領選挙では，穏健派に属したマスハドフが59.3％の得票率で大統領に就任した。二位となった強硬派のバサエフ司令官（得票率23.5％）は新政権で第一副首相に一時的に就任したが，すぐに辞任してマスハドフ政権に対抗する活動を開始した。

連邦中央との良好な関係の構築を目指すマスハドフに対して，「イスラム国家の創設」を目指す反マスハドフ派は，大統領の休暇中に極端なイスラム化を推進する大統領令を発表するなど，強硬姿勢を取り続けた。この状況を見て，当初はイスラム化に反対であったマスハドフも徐々に独立派の意見を取り入れ，イスラム化を受け入れていった。

これに対して，1999年当時首相であったプーチンは，折からダゲスタンやモスクワで爆破事件が起きたのをきっかけに，チェチェンに対する攻撃を命じた。(第二次チェチェン紛争（戦争）と呼ばれる)。今度はロシア軍が終始優勢で，2000年2月には首都グローズヌィを制圧し，同時にバサエフやマスハドフら独立派の主要人物を一掃した。

連邦中央は，独立派に対する軍事掃討作戦を続ける一方で，2003年3月には新憲法草案と共和国大統領・議会選挙の是非を問う国民投票を行い，ともに共和国民の同意を得たと発表した。こうして，2003年10月に行われた大統領選挙でアフマト・カディロフが大統領に当選した。彼は元々は独立派だったが，イスラム過激派のワッハーブ主義を嫌い，連邦帰属支持へと主張を改めた人物である。しかし，カディロフは2004年に独立派による爆破テロで殺害され，アルハノフ元共和国内務大臣が後任の大統領になった。その後，2007年4月には殺害されたカディロフの息子のラムザン・カディロフが大統領に就任し，現在に至っている。

現在では駐留ロシア軍の撤退が進み，さらには連邦政府の出す資金によって共和国の再建が続いている。しかし，連邦政府の資金は本来の目的である共和国の復興だけでなく，カディロフが率いる勢力の私腹を肥やすために使われているのではないかという疑惑も出ている。

(2) ダゲスタン共和国

チェチェンが安定化した後，北カフカス連邦管区でテロ事件が相次いでいるのがダゲスタン共和国である。同共和国では，テロ事件は2008年に1件，2009年（平成21）に2件，2010年に11件，そして2011年に6件も起きている。同じ4年間に，北オセチア共和国で発生したテロ事件は2件，チェチェンでは4件であるから，近年のダゲスタンの治安の悪さは際立っていると言えよう。

ロシア最南端に位置するダゲスタンは，アゼルバイジャン，グルジアと国境を接し，西側はチェチェンと隣接する多民族共和国である。民族共和国は，通常は主要な民族名を共和国名に入れているが，ダゲスタンは民族名ではない（「山の国」を意味する)。ダゲスタンの最大民族であるアヴァール人は人口の約4分の1を占めるに過ぎず，ダルギン人，クムィク人，レズギン人が15％ずつ，さらに1％以上を占める民族が八つ存在する。このため，ダゲスタンではロシア語，アヴァール語，アゼルバイジャン語など14言語が公用語として認められている

ダゲスタンはソ連末期に主権宣言をせず，ソ連崩壊後も連邦帰属を選択した。要するには，連邦からの分離・独立を求める動きがあまり活発ではなかったのである。このため，第一次チェチェン紛争の際には，連邦政府軍はダゲスタンに駐留拠点を定めた。また，この紛争の際に休戦合意が結ばれたハサヴュルトはダゲスタン第二の都市である。

しかし，チェチェン紛争の影響によってダゲスタンでも次第にイスラム過激派ワッハーブ信仰が広まり，宗教的にも複雑な様相を帯びるようになった。第二次チェチェン紛争のきっかけとなったチェチェン独立派

のダゲスタン侵攻は，このワッハーブ信仰の信者がチェチェン独立派と協力する形で起こしたものだと言われる。第二次チェチェン紛争で，連邦政府軍によるチェチェン攻撃が激しくなると，居場所を失った多数のチェチェン独立派勢力がダゲスタンの山岳地帯に逃げ込んだ。この地帯はその後，同共和国のテロ活動の拠点になった。

それでもダゲスタンでは，2006年2月に元共和国議会議長でアヴァール人のムフ・アリエフがダルギン人のマゴメダリ・マゴメドフに代わって大統領に就任すると，アリエフの後任の議会議長にマゴメドフの息子のマゴメドサラム・マゴメドフが就くなど，同国に住む民族間の力のバランスをとる方策が維持された。ところが，連邦中央の肝いりで2010年2月に大統領にマゴメドフが任命された後には，同共和国において民族紛争の他に汚職や職権乱用スキャンダルが相次いで起こるようになった。

そこでプーチン大統領は，2013年（平成25）1月に，1990年代に活躍した政治家で民族問題の専門家でもあるアブドゥラティポフを同国の大統領代行に任命した。彼は9月の選挙で大統領に選出された。しかし，翌年初頭にもテロ事件が発生しており，治安状況は依然として改善されていない。

3. 他の民族地域の状況—資源に富む地域を中心にして

（1）タタルスタン共和国

先に述べたように，タタール人はロシア人に次いで人口が多い民族である。沿ヴォルガ連邦管区に属するタタルスタン共和国は人口377万人で，タタール人が52.9％，ロシア人が39.5％を占め，その他，バシキール人など115の民族が住む。公用語としてタタール語とロシア語の両方を採用しているが，共和国大統領についてはタタール語が話せなければならないと定められている。この地域は石油採掘や石油化学工業が盛んで，ロシアの中で最も経済が発展した連邦構成主体と評されている。

タタルスタンは2010年3月までの約20年間，シャイミーエフ大統領によって統治されてきた。シャイミーエフは1990年にソ連邦タタルスタン自治共和国最高ソヴィエトの議長に就任し，その後，住民の選挙によって共和国大統領になった。

タタルスタンは1990年8月に主権宣言を行い，そこでタタルスタン共和国を「主権国家」と位置づけ，ロシアと同等の「共和国」だと主張した。この姿勢はソ連崩壊後も続き，同共和国は連邦条約への調印を拒否した。また，連邦中央より早く1992年11月に共和国憲法を制定し，そこで「タタルスタン共和国は共和国すべての多民族から成るすべての国民の意思と利益を表現する主権的な民主主義国家」であり，「国家主権はタタルスタン共和国の奪うことのできない権利である」と規定し，タタルスタンは「主権国家」であると宣言した。同時に憲法は，経済，税制，天然資源，対外関係などの政策を共和国が独自に行うことも定めた。

1993年12月のロシア連邦憲法制定に関する国民投票では，タタルスタンの投票率は13.88％，絶対投票率（有権者の人数のうち，賛成票を投じた人数の割合）が10.01％と，89連邦構成主体の中で最低であった。そうした共和国の不満を抑えるために，連邦中央は1994年2月にタタルスタン共和国政府との間で権限分割条約を締結した。この条約によって同共和国は，連邦を構成する一構成主体であることを認める代わりに，多くの権限を獲得した。例えば，連邦憲法で共同管轄とされている天然資源の占有，利用，処分，さらには対外経済活動も，共和国の権限だと定めた。また，金融，通貨，信用，価格政策についても，通常は連邦中央の専管事項であるとされているが，同共和国の場合は特別に共和国の国立銀行の設立が認められた。

こうして獲得した権限と豊富な財源を利用して，シャイミーエフは共和国での絶対的な地位を確立し，安定した統治を行った。それとともに，連邦会議（上院）や全国規模の政党を通じて連邦レベルの影響力をふるった。

しかし，プーチンが大統領に就任すると，この流れは大きく変化した。プーチンは連邦憲法や連邦法を順守していない連邦構成主体法が多いことを問題視し，構成主体の指導部に修正を求めたのである。タタルスタン共和国憲法もその一つと指摘され，2002年に新共和国憲法が採択された。それは「共和国はロシアの構成主体」であるとする規定を含んでいた。また2006年11月には新しい権限分割条約が連邦政府との間で調印され，その後2007年7月に連邦法でこれが承認された。

2010年3月にシャイミーエフが退任すると，シャイミーエフ大統領の下で首相を務め，共和国最大手石油会社「タトネフチ」の取締役会長でもあるミンニハノフが共和国大統領に就任した。外交・政治は大統領が，また社会・経済政策は首相が行うという統治方式を取ってきたタタルスタンにおいて，ミンニハノフは首相時代に経済政策と実務の両面で実権を握っていた人物である。経済に精通したミンニハノフの共和国大統領への任命は，連邦中央がシャイミーエフ路線の継続を認めたことを意味する。

メドヴェージェフ大統領が，プーチンでさえ解任しなかったシャイミーエフの交替をこと無く進めることができたのは，ミンニハノフの大統領就任をシャイミーエフも望んでいたからだと考えられる。大統領退任後，シャイミーエフは大統領顧問という立場を維持して，一定の影響力を保持している。この状態は，ミンニハノフにとっても，共和国内の対立を避けるために有益だと考えられているようである。

（2）サハ共和国

ロシア最大の領域を誇る極東のサハ共和国（ヤクーチヤ）も，連邦構成主体として注目すべき存在である。同国の人口はわずか95万人だが，金，銀，銅，タングステンなどのレアメタル，ダイヤモンド，アメジストなどの貴石，石油，ガス，石炭などの鉱物・エネルギー資源を有している。ソ連の一部としてヤクート自治社会主義共和国が誕生した1922年には，冠名民族であるテュルク語系のヤクート人が同国の住民の80％以上を占めていたが，その後，豊富な資源を求めて非ヤクート人が多数，来住するようになった。現在では同国のヤクート人の割合は38％であるのに対して，ロシア人が約50％を占めている。

豊富な資源に恵まれたサハであるが，人口が少なく気候が厳しい上に輸送インフラなどが未整備のため，経済はあまり発展していない。ソ連時代，サハで採掘された資源の流通・販売はすべて連邦中央の管理下に置かれ，その収益はいったん連邦中央に集められ後に補助金の形で同共和国に還元されていた。このため，1990年10月にサハ自治共和国が主権宣言した際，同国住民とって「主権」に劣らず重要な問題は資源の所有権であった。当時サハ自治共和国最高ソヴィエト議長で，後に同共和国の初代大統領に就任するミハイル・ニコラエフは，このとき資源の所有権のみならず，経済的・政治的自治の権利を要求した。彼の発言は，サハ自治共和国内のヤクート人だけでなく，ロシア人を含む住民全体にも支持された。ニコラエフは，当時ゴルバチョフと対立していたエリツィンと良好な関係を築き，1991年12月には，ロシア共和国大統領令によって同国で生産されるダイヤモンドの所有権を連邦から共和国に移管させることに成功した。

1992年3月に連邦条約を条件付きで締結したサハは，4月には共和国憲法を制定した。この共和国憲法は共和国法を連邦法よりも優位にあるとし，ロシア連邦から脱退する権利を規定していた。さらに1995年6月に連邦政府との間で権限分割条約を締結し，同国は資源輸出で得た利潤の分配や税金の割当で自由裁量を獲得した。

その後2002年には，ニコラエフ大統領の時代に副大統領を務め，共和国のダイヤモンド企業・アルロサの社長でもあるシュティロフが選挙で勝利し，大統領に就任した。シュティロフを支持したニコラエフは，連邦上院議員となった。また，2010年にシュティロフがメドヴェージェフによって解任されると，ボリソフが大統領に就任した。彼はシュティロフ大統領の下で共和国首相を務めた人物である。以上からすれば，サハ共和国の大統領は人物が変わっても，根本的な方針はほとんど変わらないと見ることができよう。ダイヤモンドをはじめとする資源の管理権が，ここでは政治的経済的に大きな意味を持っているのである。

ロシアの中央・地方関係は、民族問題と切り離して考えることができない。ロシアの少数民族地域を全体的に捉えることは困難なので、ここでは、近年、さまざまな意味で注目されてきた民族地域について、それぞれの近年の動きを押さえるようにしよう。そこからロシアの連邦制の現状をうかがうことができるだろう。

演習問題

1．民族原則に基づく連邦構成主体とその他の連邦構成主体との統治レベルでの違いを，首長の所属民族に注目して考えてみよう。
2．エリツィン政権が，民族地域の連邦構成主体と一般の連邦構成主体に対してとった政策を比較してみよう。
3．プーチン政権が連邦政府主導でさまざまな地方政策を実現することができた理由を考えてみよう。

9 政治と官僚

横手慎二

《目標&ポイント》 ここでは，ソ連時代も現在も重要な政治的役割を果たしている官僚の問題を扱う。行政機構の非能率性や腐敗については，過去も現在も非常に多くの議論がある。しかし，官僚の具体的活動については，公平な議論を組み立てるだけの資料が少ない。そこでここでは，体制全体の中で官僚が占める位置を把握することを目標としている。
《キーワード》 ノーメンクラトゥーラ制度，行政改革，政治任命

1．ソ連時代の官僚

（1）二種類の官僚

ソ連時代の官僚についての研究は非常に少ない。国家の指導者たちが決定した政策を黙々と遂行する官僚は，元々地味で困難なテーマであるが，これまで資料へのアクセスが難しかったために，ほとんど研究されずにきたのである。そうした状況で，シカゴ大学のフィッツパトリック教授が出した『日常のスターリン主義』（1999）はソ連体制における官僚像を正面から取り上げており，非常に興味深い。同書は，ソ連時代の官僚（bureaucrats）は，「指導者たちbosses」と一般国民の間に介在し，無教養で，利己的で，持ち場とする部署で身勝手な規則を適用する人々としてイメージされていたと述べている。言い換えれば，彼らは社会主義体制の病理現象と密接に結びついた存在である一方で，多分に指導者側によってスケープゴート化されていたというのである。

しかし，これほど重要な存在であったにも関わらず，官僚の輪郭は非

常に不明瞭である。上記の研究でも，指導者たちと一般国民の間にいた人々がすべて「官僚」だとまでは明言されていない。そもそも国民の大半が国家機関や国営企業，あるいは労働組合や作家組合のような準国家的機関に勤める国では，指導者たちと一般国民の間に存在するという規定自体が非常に曖昧である。ここでは，一般国民がしばしばその職場で「官僚」に変身したのである。

そこで機能面に関心を寄せる研究者は，彼らの総体を示すことなく，ソ連には共産党組織に所属する党官僚と国家機関に勤める国家官僚という二種類の官僚がいたとし，両者の関係に注目してきた。しかしここでも事態はあまり明瞭ではなく，ソ連末期の時点で党費を納める党員と党員候補者は併せて1,946万9,000人ほどがいたので，党員すべてを党官僚と規定するのは明らかに不都合であった。また，国家機関の上層部は党組織の上層部と重複することが多かったので，この区別もあくまで便宜的でしかなかった。それでも，こうした方法を取ることによって，共産党組織には同じ党員と呼ばれても，一般党員と党専従者という異なる役割の人々がおり，主に後者からなる共産党指導者たちが上記の二種類の官僚を通じてソ連を統治していたという実態が明らかになった。

ちなみに第3章で紹介したクリシタノフスカヤのエリート論では，「官僚」という区分は使われておらず，代わりに「政治階級」と「エリート」という区分が利用されている。彼女によれば，前者は「高級官吏層」に，また後者は「国家的決定を行う人々」にあたり，ブレジネフが共産党の書記長であった1981年には，それぞれ40万人と900人であったという。当時はこれらの人々だけが，多少とも政治的影響力を持っていたというのである（一般大衆は政治的影響力を持たなかったと看做している）。

（2）ソ連共産党の官僚組織

以上の二種類の官僚の中で，中心となってソ連体制を支えていたのは党官僚であった。共産党組織はソ連国家の中に独自の構造を有し，政策の決定機能と行政機能を担っていたのである。ここで前者の機能は，主として共産党の上層部で構成される指導機関（共産党中央委員会や政治局など）が果たしていた。その決定に従って，対応する国家機関（最高会議，共和国最高会議など）が法律や法的規範を生み出した。

他方，後者の行政的機能については，省庁など国家の各機関が，上層部を構成する共産党員の指導と監視の下に遂行するのが通常であった。また，州や共和国などの地域では，配置された指導的党員（州党委員会第一書記，第二書記など）を中心とする党組織が，直接的に統治するのが通例であった。ただし，省庁などの国家機関にしろ，また地域の党組織にしろ，時と場合によって，その管轄領域で省令や通達，指示などを出すこともあったので，政策決定的機能を果すこともあった。

ソ連体制でも時代が下るとともに，上記の二つの機能を果たすための規則が整備され，安定性が増したのであるが，それでも，そうした規則の体系化はあまり進まなかった。誰が組織の頂点に立つかによって，「規則」の運用が大きく左右されたのである。例えば，ブレジネフが書記長の時代には，彼はめったに政策の主導権をとらず，多くの場合に党機関と国家機関の中に蓄積されていた公式，非公式の規則を尊重する姿勢をとった。彼は自らの任務は，党機関・国家機関の対立する意見や要求を調整することだと考えていたのである。これに対してゴルバチョフは，多くの政策で主導権を発揮し，政策目標を達成するために共産党の主要な機能に関わる規則を変更することも辞さなかった。このために，前者の支配は保守的で，後者のそれは革新的，あるいは革命的であった。

共産党組織は，社会主義体制を維持し発展させるというイデオロギー的課題を実現することをその基本的課題としており，効率的な行政を行うことはこの過程で生じた課題でしかなかった。このために，共産党組織は党員に何よりもイデオロギー的忠誠心を求めた。その裏返しとして，官僚組織に通常想定されている，規則の厳格な適用はあまり尊重されなかった。さらに言えば，共産党組織は効率的に行政を行うことをその主たる目的としなかったので，省庁などの国家機関に於いて行政機能に即した合理的規範を生み出すことも，また専門知識に基づく採用制度や人事制度を導入することにも熱心ではなかった。

こうした状態の共産党が国家機関を統合し，運用するために利用したのが，ノーメンクラトゥーラ制度と呼ばれる人事政策である。ノーメンクラトゥーラとは，共産党組織の各レベルが任命する重要な職務の一覧表を意味した。例えば，1923年に最初に生み出された「第一ノーメンクラトゥーラ」には全国レベルの国家の重要職務が3,500記載されており，これらの職務への党員の任命は，共産党中央委員会（もしくはその上層）が行った。これに続く「第二ノーメンクラトゥーラ」も作成され，そこにはその下部の共産党組織が人事権を行使する職務が記されてあった。共産党の各レベルの指導者（委員会）は，自己の支配下にある党員を，こうした職務に任命する権限を行使して，管轄領域の国家機関と党組織を管理し運営したのである。

以上見てきたように，ソ連共産党は目的と機能の両面で非常にユニークな官僚組織であった。ソ連時代の国家の官僚組織は，このような共産党の官僚組織と上層部分で密接に結びついていた。そのために，共産党の権力喪失は，ソ連（ロシア）という国家の官僚組織全体を混乱に陥れた。ロシアの独立後に行政業務を統括したエリツィンは，まったく新しい原理に基づいて官僚機構を創出しなければならなかったのである。

2. 1990年代のロシア官僚

(1) 官僚の連続性と非連続性

ソ連崩壊後に成立したロシアは，新しい官僚機構を生み出すにあたって，白紙から始めたわけではなかった。エリツィンは，当初は共産党組織の周辺部にいた若い専門家を抜擢して経済政策や外交政策を作成した。しかし，決定した政策を実行に移す段階になると，結局はそれまで存在していた官僚機構に頼らざるを得なかった。ただし，ソ連国家の崩壊とともに生じた体制の転換の中で，国家の諸機関の再編も進んでいた。国家勤務員（官僚）の中に，私企業を設立したり，副業に精を出す者が出る状態で，組織全体が混乱状態にあった。

それでも市場経済の導入が進み，次々と私企業が誕生してくると，官僚機構全体の輪郭は少しずつ明確になった。少なくとも，官僚機構の構成がどのように変化したのか，量的に把握することが可能となった。このような状態に着目して，官僚組織の連続性の問題をいち早く検討したのがロシアの研究者ギムペルソンである。彼は国家統計局の資料に基づき，連邦中央，連邦構成主体，地方自治体の国家行政機関で働く勤務員（官僚）を分類し，その後に起こった組織の変化を検討した。

ロシアの場合，官僚は法制によって，省庁の第一次官などが該当する最高級職，次官などが該当する主席職，局長と次長などが該当する上級職，部長と顧問，コンサルタント，主要専門家などが該当する中級職，それ以下の下級職の5段階に分類された。(大臣や連邦議会の議員，彼らの補佐官などの国家勤務員は別のカテゴリーに入るので，ここには含まれていない)。この分類に基づいて，ギムペルソンが2001年初頭の時点での国家勤務員（官僚）の構成を示したのが以下の表である。したがって，この表の右端にある勤務15年以上の者とは，ゴルバチョフが書記長になった1985年頃までに官僚組織に入った者を意味する。以下同様である。

表9-1　国家勤務員（官僚）の構成（2001年初）

	1年未満	1年～5年	5年～10年	10年～15年	15年以上
連邦全体	7.1	16.9	17.1	10.6	48.3
最高級職	8.5	10.0	10.8	10.1	60.6
主席職	5.6	8.1	11.3	10.7	64.3
上級職	3.0	9.3	14.9	12.1	60.7
中級職	7.0	21.4	20.1	10.3	41.2
下級職	17.1	25.1	16.6	8.6	32.6

数字は各カテゴリーの総数比（%）

出典：V.E.Gimpel'son, Chislennost' i sostav Rossiiskoi byurokratiii：mezhdu sovetskoi nomenklaturoi i gossluzhboi grazhdanskogo obshchestva, 2002, Moskva, p.38.（インターネット版）

この表から明らかなように，プーチンが大統領として登場した後でも，官僚組織で働く者の圧倒的多数（連邦全体で48.3 %）は，ゴルバチョフ書記長登場頃までに勤務に就いた人々であった。さらにその中で上級職以上の地位にあった者，言い換えれば，次長級以上の役職者に限れば，2001年の時点で働く者の六割以上が，ゴルバチョフが指導者となる頃までに国家機関に入っていた。つまり，官僚の上層部はこの時期の社会の大きな変化の割には，あまり変化していなかったのである。

なおギムペルソンによれば，1994年から2000年までの7年間で官僚は89万4,000人から102万9,500人に，約15 %増大した。言い換えれば，2001年の時点では官僚は国民1000人に7人という割合であった。この数字は他国に比べるとかなり小さいが，これは，人口比で官僚が少なかったロシア帝国の場合とよく似ていた。

ところで以上の事実は，1990年代初頭から2001までの時期のロシアの官僚の中に，非常に政治的方向性の異なる人々が含まれていたことを意味する。すなわち，特に上層部にはゴルバチョフの改革が始まる前に共産党へのイデオロギー的忠誠心を示して国家官僚になった者がいた。彼らの多くは，長い間，党官僚たちと共に（あるいは党官僚の地位を兼務して）国民や企業を指導することを自己の職務としてきたのである。これに対して特に中級以下の職務には，ソ連共産党が支配していた時代についてまったく経験のない世代の者が就いていた。このため，異なるイデオロギーと職務観を持つ人々よりなる官僚組織は，組織が一応のまとまりを見せるようになった後も，バラバラの集団の寄せ集め的様相を呈していたのである。またそれ以上に問題だったのは，体制の転換にもかかわらず，官僚組織の中に国民の公僕だとする自覚が生じなかったことであり，国民の中に官僚の活動を統制しようとする動きが広がらなかったことである。

（2）行政改革

1990年代初頭に権力を掌握したエリツィンは，統治のためにソ連時代にできた官僚組織を利用する以外にないと理解すると，彼らに対し明確に共産党から距離を置くよう求めた。これに対して官僚たちは，面と向かって逆らうことはなかったが，全面的に従うこともなかった。

1993年末に新憲法が施行されると，国内にようやく新しい官僚機構を生み出そうとする機運が生じた。しかし，それでも1995年に採択された「国家勤務基礎法」は，官僚の地位と権利義務を規定するもので，その特権的地位の保全を目指した点に特徴を有していた。

新しい状況に対応した官僚機構を生み出そうとする動きは，エリツィンが大統領選挙で再選を果たした1996年以降になってようやく本格化した。同年秋にこの問題の検討が始まり，翌年5月に，大統領府長官ユマシェフを長とする国家建設のためのプログラム作成委員会（後の行政改革委員会）が設置されたのである。ほぼ同じ時期に，同プログラム作成のための学者グループも招集されて活動を開始した。後者は，連邦構成主体や省庁の指導層からアンケートを取るなどの活動を進め，9月には行政改革のための「概念」と題する文書を提出した。この文書は，現実の社会の変化に対応した官僚機構を生み出そうとする学者グループの姿勢を反映し，官僚機構の効率化とともに，行政機関全体を，これまでの指導者のための機関から，市民のための機関，あるいは税負担者のために働く機関に改革するという画期的な目標を設定した。

翌1998年にエリツィンは，この構想の重要部分を取り入れ，議会に送った教書の中に，有能で真面目な人材を官僚機構に引入れるための競争的雇用の導入，政治任命者とキャリア官僚のこれまで以上に明瞭な区別，現物支給であった福利厚生の現金化，人員の削減と給与の引き上げなどの目標を盛り込んだ。しかし，この時期のエリツィンにはもはや，こうした政策を実現するだけの力がなかった。大統領府の中にさえ，教書の内容に沿わない方向で官僚機構の改革を目指す勢力が現れる有様であった。3月にキリエンコ首相への交替が起こり，さらに8月に金融危機が勃発すると，大統領中心の行政改革は一時的に停止状態に陥った。

それでも1999年の国家会議の選挙と翌年の大統領選挙では，行政改革が選挙の争点になった。これは一部には，政治家とマスメディア，それに世論が，混乱した社会状況の責任を官僚に押し付けた結果であった。また一部には，官僚の汚職が目につき，市民生活に支障を来していたからであった。このような国内状況を背景にして，新政権に近いシンクタンクにおいて，後にプーチン政権の経済担当大臣となるグレフを中心に，行政機関の改革を検討する作業が進められた。グレフ，そして後にプーチン指導部の財務大臣になるクドリンなどの経済専門家が，こうした形で行政改革に関与し続けた。これはプーチン指導部において，旧来の指令的経済体制に慣れ親しんだ官僚による介入から企業を守り，市場経済を維持・発展させる行政への転換が必要だと認識されていたからだと考えられる。

3. 2000年以降の官僚組織

（1）プーチンによる上からの統制

行政機関の抜本的改善を願う世論の後押しを受けて，プーチン政権も正面から行政改革に取り組むことになった。こうして，カシヤノフ首相を長とする行政改革委員会が設置された。ここから出てきたのが，2001年（平成13）8月に公布された「国家勤務改革の概念」である。これは官僚機構の効率を高め，汚職の問題に対処することを前面に打ち出し，官僚の利害対立の詳細な規定，能力主義に基づく選抜規定，職務の厳格な規定，官僚の定期異動制，給与の引き上げなどを行うことを定めたものだった。また同概念は，国家勤務員全体の統一性を重視する姿勢を打ち出した。

ここで規定された目標は，2003年5月に採択された国家勤務職組織法と翌年7月に採択されたロシア連邦文官職法によって，ある程度は実現された。すなわち前者の法律で1995年の「国家勤務基礎法」を改め，国家勤務職を文官職，軍務職，法秩序維持職の三部門に分類し，さらにその各々について連邦と連邦構成主体の職務があることを明記した。これによって国家勤務員の職務全体の構造が明確化されたのである。ここで特に興味深いのは，国家勤務員全体の統一性を生みだすという名目の下に，上記三部門間の異動を容易にするよう，国家勤務員の職務の階級を統一的に定めたことである。これは帝政期のロシアの官等制を復活したものと見ることもできるし，また軍部や治安組織の上級職にある者を文官職に異動させることを容易にするためのものであったとも見ることもできる。ともあれ，ピラミッド構造の創出が目指されたのである。

また，2004年採択の連邦文官職法は，これまで議論してきた官僚組織の改革を取り入れ，公開の選抜試験による登用，職務に必要な資格の明記，彼らの義務と職務の規定，勤務員同士及び勤務員と一般市民との関係についての規定などを盛り込むものだった。明らかに同法は，1997年に学者グループが提示した構想を部分的に実現したのである。

しかし，全体として見るならば，これらの法律によって1997年に学者グループが打ち出した，行政機関を指導者のための機関から税負担者のための機関にするという大きな目標が達成されたとは言い難かった。何よりも，2000年以降の過程では，行政機関を国民と結び付ける上で不可欠なはずの社会的議論がほとんど起こらなかった。

このこともあって，2000年代初頭の行政改革は，補充，養成，昇進の手続きを明確にして，官僚組織内部に規律と説明責任を新たに生み出すことがなかったとする議論が，プーチンに批判的な人々によって主張され続けている。実際，後に述べるように，官僚機構の非能率性と腐敗は一向に改善されなかった。また，統計によれば，国家職務の文官的職務を補充した者の数は，増大するばかりであった。すなわちその総数は1998年の段階で48万5,600人，2000年で54万8,700人であったのに，2003年には66万6,800人になり，さらに2009年には86万8,200人へと増大した。（国家権力機関と地方自治体の勤務者という指標でも，総数は2000年から2009年までに大幅に増大した）。付け加えれば，国家機関や地方自治体の職そのものが，任用にあたる官僚の不法な利得の材料になったと言われる。

この時期にプーチンが目指したのは，明らかに社会の中で官僚機構の在り方について広く議論し，その役割について社会的コンセンサスを生み出すことではなく，彼の言う「権力の垂直構造」を創出することであった。これは彼の命令に従う上意下達の官僚機関を生み出すことを意味した。このために彼は，国家勤務員の待遇を改善すると同時に，文官高級行政職に，政治任命によって軍部や治安機関で勤務経験を持つ者を次々にその上層の職務に配置した。

後者がもたらした結果は，先に触れたエリート研究が明瞭に示している。すなわちクリスタノフスカヤとイギリスの研究者S. ホワイトの共同研究によれば，プーチンが最初に大統領職にあった2000年から2008年2月までの間に，官僚上層部に占める治安維持関係省庁，もしくは軍部の出身者（いわゆる「シロヴィキ」）の数は急増し，大臣及び連邦庁の長官レベルと次官，行政機関長レベルでは全体の四割前後にまで達した。（第3章　シロヴィキの項参照）

（2）メドヴェージェフ大統領の改革の試み

こうしてプーチンは，官僚組織の上層部に治安維持機関などの勤務経験者を配置して効率化を図ったが，規律の引き締めには成功しなかった。少なくとも市民の多くは，彼の時代の行政改革によって汚職が目立って減少したとは受けとめなかった。このことは，2011年11月2日から24日までに，ロシア全土の74連邦構成主体の2,200の居住地に住む18歳以上の5万4,400人を対象とした調査結果が示している。

それによると，「あなた自身は過去2，3年間で，国家に勤務する者（役職者）によって，その活動に対する非公式の支払い，あるいはサービスの提供を要求されたか，あるいは期待されたことがありますか」という質問に，あると答えた回答が全体の20パーセントを超える連邦構成主体が，上記74中で25も存在した。第1位はカバルディノ・バルカル共和国の35パーセントで，サンクトペテルブルク市は第4位，モスクワ市は第15位であった。(Otechestvennye zapiski, 47－2 (2012), p.82) 市民の多く（20パーセント以上）が，日常的に接する中で官僚から賄賂などの見返りを求められたと答えたのである。

2008年に大統領として登場したメドヴェージェフは，こうした官僚組織の状態を改善する必要があると考えた。彼は同年11月に議会に送った大統領教書で，この点について次のように厳しい調子で述べた。

「国家官僚は以前同様に，まるで20年前と同じように，今も自由な個人に対する，その自由な活動に対する不信を指針として行動している。…彼らは定期的にビジネスに対しそれが本来の行動がとれないように『ひどい状態を創り出し』，マスメディアが本来言うべきことを言わないように監督している。望ましくない者を選ばせないために，選挙に干渉している…このようなシステムは絶対的に非効率的で，ただ腐敗のみを生み出している」

彼は大統領として，汚職撲滅を自分の政権の最重要課題に設定したのである。こうして就任直後の8月には汚職対策国家計画を策定し，12月には汚職対策法を成立させた。このうち後者の汚職対策法は，官僚本人ばかりか，その家族の年間収入と資産の報告を義務づけるものだった。要するに，行政の最高責任者が官僚の行動に問題があることを認めたのである。これに官僚たちが強く反発したであろうことは想像に難くない。

さらにメドヴェージェフは，国民生活に直接的に関わる警察組織の腐敗問題に取り組み，翌2009年12月には連邦内務機関の活動改善のための大統領令を発した。同時に彼は，プーチンを首班とする連邦政府に，早急に内務省の組織の合理化や改善のための措置を定めるよう求めた。

しかし彼が進めた行政改革は，彼が大統領職を去るまでにさしたる成果を挙げなかった。マスメディアには，この改革は旧来の「民警 militiia」を「警察 politsiia」へと名称変更した程度の改革だったとする辛辣な評価まで出た。官僚の収入申告制度も，2012 年3月末に最高検察庁が出した報告についての報道によれば，犯罪を立証するまで至ったケースは少なく，逆に検察側が名誉棄損で訴えられるケースが出てくる有様だった。

メドヴェージェフ自身も，大統領選不出馬を表明した後の支持者との集会で，次のようにこの改革が不十分に終わったことを認めた。

「現代的な国家管理システムを創り出すことは戦略的課題です。国家管理に携われば携わるほど，私はますます強くこのシステムの不完全さを感じるようになりました。…私には，国家機構がどのように動いているのかよくわかっているように思えたのです。しかし，間違っていました。すべてははるかに複雑で，はるかに大変だったのです」。

確かに大統領であったメドヴェージェフが改革案を提案すると，それは政府内でも議会内でも，ほとんど抵抗を受けずに採択された。しかし，彼が認める通り，それは予期した結果をもたらさなかったのである。

こうした経緯は，改めて大統領であっても，強大な政策実現の手段を持たない限り，官僚組織を改革することが困難であることを示している。現在のロシアの大統領は，ソ連時代の共産党組織のような強力な下部機関を持たず，しかもイデオロギー的な締め付けができない状態にある。このため，自発的に世論を喚起するマスメディアや官僚の行動を監視・監督する議会の助けを得て，官僚全体を統御する以外にないのである。これらの条件は，メドヴェージェフよりはるかに強力なプーチンでも簡単に生み出せるものではないと言えよう。

今もなお，ロシアでは，官僚は指導的政治家が決めた事柄を実施しているだけの存在に過ぎないとする意見を聞くことがある。しかし近年では，官僚の腐敗がしばしばマスメディアで取り上げられており，また特に高級官僚の特権がかつてなく社会の耳目を集めている。そこでここでは，法制度による規制やマスメディア（世論）による監視が行き届かない中で，官僚と大統領の関係がどのようなものか考えよう。

演習問題

1．歴史研究書や政治指導者の回想録などを利用して，ソ連共産党の党官僚とはどのような人々であったのか調べてみよう。
2．2008年から2012年にかけての時期の，ロシア大統領の汚職撲滅キャンペーンについて，具体的事例を調べてみよう。
3．インターネットでwww://transparency.orgなどのサイトを利用し，国別の行政の透明度や説明責任についての評価を調べてみよう。

10 市民の政治活動

横手慎二

《目標＆ポイント》 ロシア市民の政治活動は，1980年代後半の高揚を経て，1990年代にはより社会的な問題に向かった。その後，2000年代になると，政権側は社会活動に従事する団体の一部を政府批判勢力と見なし，取締りを強化するようになった。ここでは，市民の政治活動をできるだけ広い文脈の中に置き，政治権力との関係を捉えるようにしよう。
《キーワード》 市民団体，カラー革命，市民社会

1．ソ連時代の市民の政治活動

（1）ソ連市民の政治活動

市民の政治活動というと，政治や社会の問題を掲げてデモや集会に参加したり，ビラを配ったりする活動を思い浮かべる。あるいは街頭で署名を集めたり，市役所に陳情に行ったりする活動が考えられる。こうした活動では，ソ連時代の1980年代半ばまで，国民は非常に窮屈な状況に置かれていた。時間的余裕がなかったとか，一般国民には縁遠くて活動し難かったということではなくて，公的に許可されている政治活動と，許可されてない政治活動が明瞭に区別されていて，彼らが自発的に政治活動をする空間が極度に限定されていたのである。

法律的に言えば，以下のような憲法（ソ連時代のロシア連邦共和国の憲法）の規定が，この点に直接的に関わっていた。すなわち同第48条1項にある「人民の利益に従い，社会主義体制を強化し，発展させる目的で，ロシア共和国の市民は，言論，出版，集会，大衆集会，街頭行進お

よび示威活動の自由を保障される」という規定と，第49条1項にある「共産主義建設の目的に従い，ロシア共和国の市民は，政治的積極性と自主的活動の発展，およびその多様な利益の充足を促進する社会団体に団結する権利を有する」という規定である。ここにあるように，当時の国民は，特定の目的（共産主義建設）を追求する場合に限って，政治活動をする自由や社会団体に団結する権利を保障されていたのである。

このために，彼らが自発的に集会を組織することや印刷物を作成することは原則として禁じられていた。確かに仔細に見れば，学生たちが仲間と図って政治的ビラを作成するといった事例がなかったわけではないが，しかしそのような事例は非常に少なかった。そうした活動が露見すると，厳しく処罰されたからである。政治体制が強いる束縛は非常に厳格で，職場や大学に於いて友人同士で自由に政治的意見を交換することも社会的に望ましくない行為と見なされていた。このために，人々は少数の信頼できる仲間との間でのみ政治や社会の問題について意見を交わし，そうした問題について外国放送などで情報を集めたければ，当局に見つからないように隠れて行った。

それでも1970年代以降になると，共産党と離れた非公式の集団が全国各地で活動するようになった。多くは余暇を仲間と過ごすような非政治的性格の集団であったので，その地域の共産党組織や警察は厳格に取り締まろうとしなかったのである。しかし，ソ連経済の停滞が続くと，こうした自発的集団の中に，環境問題や宗教問題，さらにはナショナリズムの問題などに関心を示すものが少しずつ生まれてきた。

他方で，ソ連体制が活動を許可した社会団体としては，ソ連共産党を除けば，労働組合や青年共産主義同盟（コムソモール），それに連なる少年・少女組織ピオネール，さらに各種の女性組織や軍の支援組織，スポーツ組織などが存在した。いずれも加盟するか否かは市民の自由に委ねられていたが，加盟は社会的な立場を強め，昇進や進学などの際に好影響を与えると考えられていた。つまり，これらの社会団体は法的には自発的団体とされていたが，実際には体制を支える半官的団体であった。ソ連共産党は，これらの団体の管理者の人事から活動の細部にまで関与した。

（2）ゴルバチョフによる自由化

以上のようなソ連国民の状況は，ゴルバチョフ書記長による改革が始まると大きく変化した。多くの情報に触れるようになると，人々は政治に対する期待値を急激に高めた。しかし他方では，長年にわたる政治活動に対する制約の結果として，彼らは問題を政治的に解決するにはそれなりの技術と時間が要るという事実を理解していなかった。このために，選挙活動や社会活動が自由になると，彼らは各地で集会を開き，組織を立ち上げ，ソ連体制が積み上げてきた問題を一挙に解決しようとした。こうした熱狂的活動は瞬く間にソ連全土に広がった。

一般に自然発生的な運動や集団の実態を跡付ける作業は困難であるが，この時期のソ連の場合，転機は1987年（昭和62）と1989年にあったと考えられている。すなわち，第一の転機である1987年には，明確に政治的目的を掲げる集団が都市部に現れた。例えば，政治的討論を行う「ペレストロイカ・クラブ」，人権と民主主義の擁護を目指す「メモリアル」や「市民の威信」などの団体がこの年に結成された。同年には，ソ連共産党から独立した非公式集団が3万以上も誕生したと推定されている。

第二の転機である1989年（平成元）には，ソ連人民代議員大会の選挙があり，国民の政治に関わる機会が飛躍的に増大した。このために，先に挙げた非公式集団は6万に達し，数百万の人々が多様な目的を持つ非公式集団に参加したと推定されている。この時期には，まだ共産党から独立して活動する者が逮捕されたり，拘束されたりしたが，もはや処罰は厳しくなかった。しかし他方では，人民代議員大会が成立したために，市民運動は政党組織として政治の枠中で活動するか，あるいはそうした政治制度の外部で活動を続けるかという選択に直面した。また，社会生活の混乱が始まっていたことも影響し，一般市民の運動の動員力は1989年をピークにして減少していった。

ゴルバチョフの改革は，こうして国民の政治的活動を解き放った反面，そこに生まれた集団や運動を，社会団体として確立し，政治体制の中に組み込むところまで続かなかった。この時期に現れた集団の多くは，人民戦線，クラブ，センターなどと名乗っていたが，実態としてはソ連共産党の支配に対抗することなどを目標とした市民活動家の集まりに過ぎなかった。この後，こうした運動集団はさまざまな理由で分裂していき，政治の舞台で持続的な影響力を発揮することはなかった。

この点で例外的であったのは，バルト諸国に成立した民族主義的組織である。例えばリトアニアの知識人たちが1988年に結成した政治団体「サユディス」は，1990年の共和国最高会議の選挙で圧勝し，独立運動を指導する政党となった。エストニアでもほぼ同じ時期に幾つかの集団を結束させて「エストニア人民戦線」が組織され，1990年以降の独立運動を指導した。しかし，これらの地域を除けば，民族地域でも民族主義的組織が一本化して権力の受け皿となることは稀で，旧ソ連地域には非常に多様な運動組織とも政党ともつかぬ集団が残されたのである。ロシアはまさにそうした集団を抱えた状態で1991年末に独立を迎えた。

2. 1990年代の市民の政治活動

(1) 市民の政治活動の変化

ソ連が崩壊すると，活発であった都市部の市民の政治的活動力も明らかに低下した。以下の表がこの点を確認する上で役立つだろう。これは市民に，「あなたはどの程度，政治に関心をもっていますか」と質問し，それに対する回答を年次別にまとめたものである。

表10-1　都市部市民の政治への関心度

	モスクワ1991	同左1993	ヤクーツク1994
非常に関心がある	33.9	8.8	3.1
関心がある	53.9	49.9	36.5
あまり関心がない	9.8	31.0	40.2
まったく関心がない	2.5	6.9	14.5

出典：M.Nazarov, Politicheskaia kul'tura rossiiskogo obschestva, 1991-1995 gg. Moskva, 1998, p.119. 1994年の他地域の数字は省略。

この調査は期間が不十分であるが，それでもここからソ連崩壊後に都市部の住民の政治への関心が大きく低下した事実は読み取れるだろう。表の作成者によれば，回答者に関心が弱まった理由について質問すると，活動の結果として状況が改善されず，政治制度への信頼を失ったとする答が大半であった。期待値が高かった分だけ，幻滅も早かったのである。また，1992年（平成4）以降の経済改革で，国民の多くが給料の遅払いやインフレの進行で生活苦に直面したことも影響したものと思われる。

こうして，全体として彼らは政治一般に対する関心を低下させたのであるが，そのことは，この時期に市民たちが全面的に社会活動から撤退したことを意味しなかった。というのも，国家組織の混乱状態は，中央で権力を競い合う政党組織とは別の次元で，活動的市民に社会活動を促したからである。多くの人々は生活の場で，国家組織とともに機能不全に陥った各種の社会サービスの継続を求めていたのである。こうして，資力と人手があるところで自然発生的に社会的ネットワークが生まれた。

ここに成立した社会組織は1980年代のそれと異なり，社会的弱者の擁護や環境の保護，人権問題の監視など，総じて身の回りの問題に取り組むものだった。それは全体として，活動的市民の社会活動（広義の政治的活動）であったという意味で欧米諸国のNGOの活動とよく似ていた。しかしロシアの場合には，政府の資金が不足する中で，しばしば活動的市民が行政の末端と結びついて社会的サービスを担ったので，純粋の非国家的組織と分類するのも適切でなかった。

その典型的な例がヴォルゴグラード州の場合で，ここでは共産党組織の下部組織が結束を維持し続けたので，ソ連時代に共産党の指導の下に活動していた女性会議や街頭委員会が地域のさまざまな社会問題に行政当局と協力して取り組むようになった。市民たちは，共産党員が活動的市民として行政機関に協力し，提供する社会サービスを喜んで受け入れた。同様の事態はレニングラード州やノブゴロド州などでも観察された。1990年代のロシアには，社会環境の劣悪化，家庭の崩壊，母子家庭の貧窮化，犯罪組織の市民生活への浸透等々，多くの問題が噴出しており，社会活動を必要とする場がいたるところで見られたのである。

全体的に見れば，こうした一般市民の活動では資金不足が最も大きな問題であったので，彼らが外国の援助団体から資金援助を得て，サービスを提供する例も少なくなかった。特に女性を主体とする組織ではこの傾向が強かった。例えば1994年から1995年にモスクワでインタビュー調査に応じた37の女性問題に関わるNGOでは，およそその半数が外国の政府機関や援助機関からの資金援助を受けていると答えた。逆に，これらの外国の機関は，ロシアの人々の苦境を助け，欧米社会をモデルにした市民社会を形成したいと考えていた。

この時期に社会活動などに従事した組織の数は確定し難いが，ロシアのNGOの問題を研究するスウェーデンの研究者A.ウーリンは，1993年に法務省に登録されていたNGOは5万を数え，その数は1997年には6万6千になり，さらに2001年の時点では実際に活動しているNGOが7万あったと報告している。こうしたNGOが上記の行政と協力する市民の組織と同一なのか否かは明瞭ではないが，少なくとも，社会活動を続ける市民の数は一般に想定されているほど少なくなかったのである。

（2）市民の新しい政治的意思表示の機会

1990年代に市民の一部が進めた社会活動は，直接的には政治に関わらなかったのであるが，通常の政治活動（選挙やデモ行進など）と異なる意思表示の回路を創出した。この点を示す幾つかの事例を挙げてみよう。

第一は，環境問題に関する地域レベルの住民投票（レファレンダム）である。この動きは1986年（昭和61）のチェルノヴィリ原子力発電所の事故を契機に広がったもので，ロシア連邦が成立した後も，多くの地域で住民投票を求める要求が出された。その数は，成立しなかったものも含めて，1992年から2000年までにロシア全土で28回記録されており，そのうち実際に投票まで至ったものは12回で，50パーセント以上の参加を得て住民投票が成立したものは8回あった。具体的例を挙げれば，1993年にサラトフ州の原子力発電所の拡大事業をめぐる人民投票では反対が73パーセントであった。また1996年のカレリア州におけるシュンガイトという鉱物資源の採掘事業では，反対が85パーセントだった。逆に，1994年のハバロフスク辺区の原子力発電所の建設事業では，署名者数が不十分で投票はなされなかったが，建設は延期された(Otechestvennye zapiski, 2005, no.6)。この例に限らず，環境問題は各地で多くの市民の関心を惹きつけ，これに関わる社会活動はかなりの動員力を保ち続けたのである。

第二の例は，「兵士の母委員会」の活動である。同委員会は修学中の若者を徴兵する動きや，徴兵された若者が軍隊内のいじめで死亡した事件に抗議して，数百人の母親たちが1989年に結成したものである。彼女たちの活動は社会的に大きな反響を引き起こし，ゴルバチョフ大統領もこの動きに応えて，1990年に軍隊内での兵士の死亡や負傷事件の調査手続きを見直す大統領令を出した。さらに1991年には軍内でのいじめが原因で逃亡した兵士たちに特別に恩赦を与えることが決まった。同委員会活動はこの後，チェチェンでの戦争中に逃亡したり，軍務を拒否したりした若者の救済に向かった。この結果，1998年には期限内に出頭した彼らの一部に対し刑事罰の適用を免除させる決定を生み出した。

以上の記述からうかがわれるように，兵士の母委員会はかなりの社会的影響力を発揮し，多くの成果を挙げた。組織的にも，1990年代半ばの時点で，モスクワを本拠とする同委員会は全国に300の支部を擁していた。サンクトペテルブルクにも，これと異なる方向性を持つ兵士の母委員会が存在した。ここで大きな意味を持ったのは，この活動がしばしばロシアのマスメディアに取り挙げられ，広く国民の支持を獲得したことである。

第三の例は以上と少し異なり，内外の財団から寄付を募り，ロシア国内のNGOを財政的に援助する組織として設立された「社会的イニシャティヴ支援シベリア・センター」の活動である。1995年に活動を始めたこのセンターは，アメリカ政府の海外援助機関として知られる米国国際開発庁（USAID）やEUがCIS諸国の経済改革や民主化支援のために組織したCIS諸国技術援助基金（TACIS），さらには国内石油企業ユーコスなどから集めた援助金を，シベリアで活動する非営利団体に供与する運動を展開した。その構成メンバーによれば，同センターは1996年には302の申し込みを審査し，そのうちの62のプロジェクトに総額42万ドルの助成金を与えるなど，2000年代初めまでに300を超える活動に，総額9億ドルを超える助成を行った。シベリアはソ連崩壊後に特に生活の質が悪化した地域であったので，多様な支援活動を必要としたのである。

ここでは，シベリア・センターがこうした活動を行うことによって，多様なNGOの社会活動を支えたばかりか，付随する形で新しい政治的回路を拓いていた点に注目する必要がある。すなわち，彼らの活動は，第一に，間接的に外国機関とロシアのNGOを結びつけ，第二に，新興財閥（オリガルヒ）ホドルコフスキーの会社ユーコスとNGOを結びつけたのである。もちろん，シベリア・センターはユーコス以外のロシア企業からも寄付を得ていたし，またホドルコフスキーにしても，すでにこの時点で孤児や社会的に恵まれない子供たちを助ける社会活動を広く行っていた。従って，同センターが意図的にロシア政府と対峙する可能性のある組織（外国政府やホドルコフスキーの援助組織）の影響力を高めるために活動したとは考えられない。しかしそれでもその活動が，付随的に外国政府や一部の新興財閥の影響力を社会に浸透させる潜在的回路を創りだしていた事実は否定できなかった。

以上のごとく，1990年代に生まれた市民の社会活動は，市民と政治の新しい関係を生み出した。多くの市民団体は基本的に身の回りの社会問題に取り組み，市民社会の形成を目指したのであるが，しばしば意図しない形で政治的活動に関わる組織になった。このために，21世紀に入ると，こうした市民団体が政党に劣らないほどに注目されるようになった。

3．2000年以降の状況

（1）プーチン政権による締め付け

2000年（平成12）に大統領職に就いたプーチンは，市民組織の政治活動について早くから注目していた。1999年7月に，当時連邦保安庁の長官であった彼は，ロシアの新聞を通じ，外国の秘密組織がロシアの環境保護団体や社会団体を利用していると警告を発していた。そして2001年11月には，大統領として，政府と市民団体が一緒になって社会問題に取り組むために，市民フォーラムと称する会議を招集した。このフォーラムには，プーチン以下の多数の政府代表と300の団体の代表が参加した。しかし，彼の思惑に反して，市民団体の一部が，彼が説く国家と市民団体の協力の在り方に疑問を表明したり，参加を拒否したりした。

そこでプーチンは，別の形で市民の活動に対処しようとした。その事実が最初に示されたのは2003年の大統領教書である。そこで彼は，ロシアが内外からの脅威に直面している事実を強調した後に，「一人前に発達した市民社会は，国家機構の権限の大幅の縮小，さまざまな社会集団間の不信の克服という状況においてのみ，生まれるのである」と付け加えた。ここで彼は，政府に協力的な市民団体の活動があって初めて，国家の活動を縮小させ，望ましい市民社会が生まれると説き，批判的な団体を牽制したのである。

彼の姿勢は2004年には，一段と対決色の強いものになった。この年の大統領教書には，以下のような言葉が含まれていた。

「非政治社会組織について幾つか述べたい。我国には数千の民間団体・同盟が存在し，建設的な活動を行っている。しかし，決してその全部が人々の実際の利益を主張しているわけではない。こうした組織の一部にとっては，影響力のある外国の基金から資金援助を受けることが最優先になってしまっており，また一部は，怪しげな集団や商業的利益のための活動を専らしている。…基本的人権の侵害や人々の現実的利益の制限が問題となったときに，えてしてこうした組織の声は聞こえてこない」

この一節は，グルジアなどで市民運動が強まり，「カラー革命」と言われる市民運動が広がっていたことにプーチンが危機感を抱いていたことを示している。早くから市民団体に懸念を抱いていた彼は，旧ソ連諸国における市民運動の高まりを見て，改めてこれらの団体の動きを取り締まる必要があると考えたのである。こうしてまず同年6月には，集会やデモなどの組織について，その許可手続きを厳しくする集会・デモ規制法が公布された。

同じころにプーチンの周辺にある者が若者の社会組織「ナーシ」(我々のもの）を創設した。明らかにこれは，政府に批判的な団体や運動に対抗するためのものだった。クレムリンの資金で生み出されたナーシは，たちまちのうちに大きな都市で大規模なデモを組織するほどの政治組織に成長した。多くの人々は，ナーシを官製の組織だと理解していたが，それでも反政府的組織との動員力の違いを認めざるを得なかった。

しかし，この後に起こった市民の抗議運動は予想外の方向からのものだった。2005年初頭に，野党勢力とも，また市民団体の活動とも関係を持たない老人たちが，それまで現物で給与されていた労働功労者などへの特典を相応する額の現金で支給するという新政策に反対して，幹線道路で交通を妨害するという抗議活動に出たのである。彼らから見れば，政府の措置は彼らの生活水準を引き下げるものであった。この老人たちの大胆な意思表示は，プーチン政権のみならず野党勢力をも驚かせた。抗議はほぼ一か月にわたってロシア各地で繰り広げられ，マスメディアを通じて社会に伝えられた。彼らの直接行動による意思表示は，兵士の母委員会と同じように，世論を味方につけたのである。こうした事態に，プーチンは支給する年金の増額を決め，運動の鎮静化を図った。

プーチンの市民運動に対する態度は，この事件の後にいっそう硬化した。彼は2006年1月に，社会団体や非営利団体などに関する法律を改正し，監督官庁の権限を強化した。具体的には外国からの資金援助に基づく市民組織の活動に注目し，資金の使い道などを詳細に報告させることにした。また，彼は政府に近い社会団体の代表や学識者などからなる社会院と称する機関を発足させた。これは基本的に大統領に任命された著名人から構成される大統領の諮問機関で，市民団体の一部を政権側に取り込み，政権の社会的基盤を拡大するための機関だと考えられる。

さらに2007年になると，政権与党の統一ロシアは，選挙キャンペーンでロシア・ナショナリズムを高唱するようになった。彼らは，プーチンを批判するすべての勢力は，ロシアを弱めるために活動する外国の手先であるかのように主張した。ナーシもこれにならってアメリカ政府などを批判する活動を展開した。こうした動きによって，プーチンに批判的な人々の活動はますます困難になった。

（2）政権と市民

すでに述べたごとく，2008年の大統領選挙では，前年にプーチンに後継者として指名されたメドヴェージェフが70パーセント以上の票を獲得して当選した。大多数の国民は，プーチン時代に経済成長を実感し，その路線の継続を支持したのである。しかし，同年夏に勃発したロシア＝グルジア戦争とアメリカのリーマン・ショックに端を発する金融危機は，ロシア経済に打撃を与え，逆に社会の中に不安な気分を生み出した。

この時期には，政府に批判的な勢力の動きはロシアのテレビではほとんど伝えられなかったが，それでも数百人，数千人という規模のデモ行進が国内のさまざまな地域で折に触れて組織された。また，政府公用車の特権的扱いに対する抗議活動や自動車道路建設計画に対する反対運動など，活動的市民の批判的行動も断続的に起こった。特徴的なのは，こうした行動の大半が野党勢力の関与なしに組織されたことである。これらの行動は，規模からして政権を脅かすほどのものではなかったけれども，プーチンとメドヴェージェフに率いられた体制（タンデム体制）が盤石の状態にないことを社会に印象付けた。

そうした状況の中で，インターネットを通じて統一ロシアを批判する動きが広まった。中でも，2011年2月に弁護士で著名なブロガーのナワリニーがラジオを通じて統一ロシアは「ペテン師と泥棒の党」だと批判すると，その言葉はたちまち社会の中に広まった。

こうした状況にあった9月に，プーチンがメドヴェージェフを押さえて大統領選に出馬する意向を示すと，世論はかなり明瞭に批判的姿勢を示した。この状態は12月の国家会議選挙に影響した。統一ロシアは前回の選挙より大幅に得票を落としたのである。そればかりか，得票を不正に操作したとする批判が伝えられると，モスクワなどの大都市では，数万人規模の抗議集会が組織された。こうした集会の参加者は，体制批判のデモなどを繰り広げてきた勢力だけではなく，明らかに市場経済に適応した比較的豊かな市民も含んでいた。これまでと異なる社会の様相が示されたのである。

しかし，このときの抗議活動は選挙をやり直させるほどの規模にまで拡大しなかった。他方で，2012年に大統領に復帰したプーチンは，同年秋には，選挙監視活動をするNGOなどに資金援助していたUSAIDのロシア国内での活動を困難にする措置を採択した。また，外国から資金援助を得て活動するNGOに，「外国の代行者」として申請登録することを義務付ける法規定を作成し，翌2013年2月にはその厳格な実施を指示した。外国にある組織・機関の影響力を減じ，あわせて国内の批判勢力の活動を弱めようとしたのである。

市民の政治活動は一般に想像されるほど型にはまったものではない。長くソ連体制で暮らしてきたロシア国民が，過去20年余りに展開した政治活動も非常に多様な形態を取っている。ソ連時代の社会状況を考えつつ現在の市民の政治活動を考えると，色々な様相が見えてくるだろう。

演習問題

1. 新聞やインターネットを通じて，2011年12月から翌年初頭にかけて組織されたロシア市民の政治集会について調べてみよう。そこでは，どのようなスローガンが見られたのであろうか。
2. ナーシ（Nashi）というロシアの市民団体は2012年に解散した。これまで具体的にどのような活動をしたのか，調べてみよう。
3. プーチンがその演説で，「市民団体」や「市民社会」ということばがどのように使っているか調べてみよう。彼はこれらのことばを必ずしも否定的ニュアンスで使っていないことが分かるだろう。

11 ロシアの対外政策（1）対米・対欧州関係

横手慎二

《目標＆ポイント》 ここでは外交編の第一回として，ロシアの欧米諸国に対する政策を概観する。ロシアの欧米諸国政策は，長い歴史の中で大きな変化を見せたのであるが，それでもそこに安全保障を中心に連続面があったことが確認できる。安保要因以外の政策推進要因を考えることによって，ロシアの政策の構造的理解を深めることが重要である。
《キーワード》 対外的影響力，対外政策エリート，ユーラシア主義，G8

1．歴史的概観

（1）帝政期ロシアから第二次大戦まで

ユーラシア大陸の東半分を占めるロシアは，古くから多様な国家と関係を築いてきた。近代以降では，ロシアの国際関係はヨーロッパと北アメリカを主要な相手地域とした。ロシアとこれらの地域は，キリスト教文明を核として発展してきたという歴史的共通性を持っていた。このため，ロシアの宮廷ではヨーロッパ諸国の出身者が少なからず活躍していた。またロシアからも，さまざまな理由で多数の人々がヨーロッパや北アメリカに移住した。さらに17世紀からロシアを支配したロマノフ家は，ヨーロッパ諸国の王家と数多くの姻戚関係を結んでいだ。

しかし，ロシアがこれらの国と緊密な関係を持ったより大きな理由は，近代以降にヨーロッパ諸国の多くが，また19世紀以降はアメリカも，科学技術を発展させて経済力と軍事力を飛躍的に高め，国際政治におけるロシアの競争相手として，また先進的な知識を与えるモデル国家として認識されたからであった。

1917年（大正6）のロシア革命によって成立したソヴィエト＝ロシア（1922年（大正11）からはソ連）が，マルクス・レーニン主義を公的イデオロギーとして国家政策を行うようになると，欧米諸国との関係は概して緊張した。このイデオロギーは，人類は歴史の必然的法則として封建主義から資本主義を経て，社会主義，さらに共産主義へと進むと説いていた。そこで革命によって権力を獲得した指導者たちは，資本主義の発達したヨーロッパでは社会主義革命が起こるはずであるし，また起こすことが望ましいと公然と主張した。このような，他国の民衆に革命を呼びかける主張に対して，欧米諸国の指導者は強く反発した。また，1918年（大正7）には第一次大戦の一環として，アメリカ，イギリス，フランスなどは日本とともに干渉軍をロシアに送った。それでも大戦によってヨーロッパ諸国は疲弊していたので，干渉戦は数年間で終結した。

1920年代初頭から，ソヴィエト＝ロシアと欧米諸国との関係は，資本主義国に包囲されることを恐れる前者と，貿易関係の拡大を望む後者の思惑が重なるようになり，次第に対決色を弱めていった。ソヴィエト＝ロシアが国際的孤立を防ぐためにドイツと友好関係を築いたことも，西欧諸国に影響を与えた。しかし諸外国が望んだソ連との貿易関係は，予想したほど増大しなかった。これは資本主義対反資本主義というイデオロギー的対立が残り続け，相互不信が強かったからであるが，同時に，経済関係を通じて外国の影響が及ぶのを恐れたソ連指導部が，貿易を厳重な国家管理の下に置いたからでもあった。

結局，資本主義国間の対立が深刻になり，敵の敵は味方という権力政治の論理が他の考慮を圧倒するようになった1930年代に，ソ連の持つ戦略的価値が欧米諸国に再評価されるようになった。このため，1930年代前半に日本とドイツが現状打破の姿勢を鮮明にすると，1933年（昭和8）にアメリカとソ連は国交を樹立した。次にフランスが，1935年にソ連と相互援助条約を締結した。さらに1939年には，ドイツがソ連と不可侵条約を締結した。しかしこれは長続きせず，1941年（昭和16）にドイツが対ソ攻撃を始めると，ソ連とイギリス，アメリカ，およびフランスとの間に提携関係が復活した。

（2）冷戦期からソ連崩壊まで

ソ連は第二次世界大戦の間，アメリカ，イギリスなどが構成する連合国に加わり，ヨーロッパ大陸でドイツ同盟軍と死闘を繰り広げた。ソ連はまた，第二次大戦末期に対日戦争にも加わった。こうして同国は，第二次大戦を通じて強大な軍事国家であることを証明したが，戦後になってもその軍事力を保持し続け，さらには自国の安全を確保するために周辺地域に排他的勢力圏をつくり出した。他方で，戦争で荒廃したヨーロッパ諸国には，左翼勢力を中心にして，これまでの市場経済よりもソ連が説く「計画経済」の方が有効だとする意見が広められた。

このような状況を見てアメリカは，ソ連は軍隊を駐留させた東欧のみならず，西欧にも影響力が及ぼうそうとしていると考え，さまざまな対抗策を取った。しかし，双方とも実際の戦争に進むことを恐れたので，「冷戦」と呼ばれる状態が生じた。戦後世界では米ソは卓抜した軍事力を有し，しかも，それぞれが共産主義と自由主義のイデオロギーを世界に広めようとしたので，その対立は世界各地に広がっていった。

また，ソ連が1949年（昭和24）に原爆の開発に成功したことから，すでに核兵器を持つアメリカとの間で起こるだろう将来の戦争は，核戦争になると想定された。この状態が生み出す緊張感が，冷戦の間，世界を覆い続けた。対決状態はしばしば世界を破滅の瀬戸際まで導いたが，そのたびに米ソ両国の指導者は戦争がもたらす災禍を考え，直接的軍事対決を回避した。

しかし，長期にわたる戦争の準備は，元々経済力で劣るソ連経済に重くのしかかった。他方，アメリカが強硬な対ソ対決路線を打ち出したことも影響して，ソ連では1985年（昭和60）に「冷戦」からの離脱を模索していたゴルバチョフがソ連の指導者として登場した。このときから米ソ関係は変化し，両国は1987年に中距離核戦略全廃条約を締結した。その後関係がさらに改善すると，東欧諸国においてソ連との関係を見直す動きが起こった。ゴルバチョフがこの動きを阻止しようとしなかったので，1989年に東欧諸国に相次いで非社会主義政権が樹立された。この結果，ソ連と東欧諸国の同盟関係は消滅していき，冷戦は終結した。

この状態は欧米諸国の中でゴルバチョフに対する信望を高めたが，ソ連国内では必ずしも歓迎されなかった。ゴルバチョフの指導力は急速に衰え，1991年（平成3）8月のクーデタ事件を経て，同年12月にソ連は崩壊した。

2. 対外政策をめぐる論争と対欧米政策の展開

(1) 対外政策論争と二つの大きな潮流の登場

以上のごとく，冷戦期のソ連は欧米諸国との間で対立を基調とする政策を取った。このために，ソ連はアメリカに匹敵する軍事力の保持に努めた。また，経済力はアメリカよりもかなり劣っていたけれども，経済全体を国家が統制する体制を利用して，国際市場価格と異なる価格での物品の引き渡し・引取りという形で，友好国に経済援助を行った。

ソ連に代わってロシアという国家が誕生すると，以上のような対外政策は根本的な見直しを迫られた。この見直しの過程は非常に混乱に満ちたものになった。第一に，ソ連体制ではごく一部の人々しか対外政策に関わることが許されていなかったので，多くの人々は政策の具体的内容についてほとんど何も知らなかった。第二に，ゴルバチョフ書記長の時代に進められた西側との関係改善によって，これまで敵視し，警戒するのが当たり前だった人や商品，情報が大量に流入してきた。以上の二つの理由から，ロシアの対外政策エリートは，国内に基本的コンセンサスがない状態で新しい対外政策を構築せざるを得なかった。

この状況で，さまざまな観点に立つ政策論が対外政策エリートによって提示されるようになった。社会的関心の高まりを意識し，ロシア外務省は1992年（平成4）2月に主要な政治家たちを招いて学術実務会議を開き，対外政策をめぐる意見の集約を図った。しかし，会議は意見の違いを明らかにしただけであった。そこでの第一の論点は，ロシアと欧米諸国の対外政策の関係をめぐるもので，ある者は対立面を強調し，別の者は協調しか道はないと主張した。この点では，折から拡大しつつあった旧ユーゴスラヴィアの紛争が問題になった。この紛争をめぐっては，ロシア人は伝統的に友好的なセルビア人に好意的であったが，欧米諸国は対立する勢力を支持し，ロシアの意見を無視しがちであった。

第二の論点は，ロシアのアイデンティティをめぐるもので，ある者はヨーロッパとアジアの双方に跨るロシアの地理的条件を考慮すべきだと説き，別の者は，政治と経済の先進地域としての欧米諸国を重視すべきだと主張した。ここでは中国の位置づけが重要な問題として意識された。さらに第三の論点も存在した。それは旧ソ連から独立した国々に対する政策で，これを特殊な関係と見るべきか，それとも通常の国家同士の関係と考えるのかというものであった。この時点で，ロシア以外の旧ソ連諸国に住むロシア系住民は，ロシア政府に物的精神的援助を求めていた。ロシア国内でも，彼らを助けるためにロシアは圧力をかけるべきだとする意見が広まった。

以上はあくまでロシアの独立を支持した人々の中での意見の対立であって，これ以外にも国内にはソ連の再建を主張する勢力や排外的ナショナリズムを説く勢力が活動していた。こうした野党勢力は，欧米諸国はロシアを助けているのではなく，むしろ弱体化させているのだと主張した。このようなさまざまな意見が表出される中で，「大西洋主義」と「ユーラシア主義」という概念が次第に社会的認知を受けるようになった。明確な定義はないが，前者はロシアを西洋文明の中にある国家と見なし，欧米諸国との友好関係を基調としてロシア外交を組み立てるべきだとする立場で，後者はロシアの地理的歴史的特性を意識し，欧米諸国と異なる独自の対外政策を追求するべきだと説く立場を意味した。

（2）ロシアと欧米諸国との関係の変化

エリツィンもこうした世論の動向を無視できず，1992年12月にロシア大統領として初めて中国を訪れた際に，この訪問は彼の政権が西側ばかり見ているという批判に応えるものであるとし，ロシアの対外政策は今後，東西のバランスの取れたものになると表明した。しかし他方では，彼は欧米諸国をモデルにした国家再建にロシアの未来があるとする信念を変えなかった。彼は，国内で強力な野党になった旧共産党勢力と対抗するためにも，欧米諸国との協調関係が必要だと認識していた。

しかしこの頃になると，ソ連から離れた東欧諸国が，冷戦時の対ソ同盟である北大西洋条約機構（NATO）への加盟を求めるようになった。この動きはロシア国内に不安を掻き立てた。軍事的格差が広がるばかりか，ロシアを国際的孤立に導く動きだと理解されたのである。ロシア側の強い反発を受けて，NATO側は1993年（平成5）秋に東欧諸国とロシアに対し，個々に「平和のためのパートナーシップ」と呼ばれる

NATO中心の協力的枠組を構築することを提案した。翌年，ロシアはこれに参加したが，東欧諸国はロシアの国内的混乱を見て，この枠組だけでは不十分だとして直接にNATOに加盟することを目指した。

そこでNATO理事会は，1997年（平成9）に政情が安定したポーランド，チェコ，ハンガリー3国の加盟招請を決めた。これは前年にかろうじて大統領再選を果たしたエリツィンにとって大打撃だった。欧米諸国も彼の立場を考慮しており，同年初頭には経済先進国首脳会議G7を拡大し，ロシアをG8のメンバー国とすることを約束した。EUもロシア・EUパートナーシップ協定を締結して，経済のみならず，政治的関係の強化を図る姿勢を示した。しかし1999年3月に，NATO軍はコソヴォ紛争の拡大を阻止するために，国連決議なしに旧ユーゴスラヴィアのセルビアへの空爆を実施した。このようなNATO軍の行動はロシア国民の中にあった反欧米感情を強めた。こうして，冷戦終焉を受けて沸き起こったロシアと欧米諸国との関係の劇的改善という願いは，21世紀初頭までに霧散した。

3. 対外政策をめぐるロシア国内のコンセンサスの形成

（1）対外政策エリートの活躍と政策形成システムの形成

ゴルバチョフ書記長の登場以降，国内の情報統制が緩和され，言論の自由もかなり認められるようになったため，政府は国民の支持のない対外政策を遂行し続けることが困難になった。この状況は，国際情勢について専門知識を持つ外交官，軍人，ジャーナリストや学者などからなる対外政策エリートの役割が増大したことを意味した。エリツィンは，これまで外交に関与した経験がなかったので，この問題では彼らに頼らざるを得なかった。しかし彼はソ連末期に体制批判を強めていたので，従来の対外政策エリートの中に支持基盤を持たなかった。

こうして，彼が最初に対外政策で頼ったロシア連邦外務省には，強くエリツィン支持の姿勢を示した人々が集められた。まず，1990年（平成2）にロシア連邦外務大臣に任命されたのは若いコーズィレフであった。彼はそれまで中堅の外交官として働いた経験しかなかった。さらに，翌1991年にシェロフ－コヴェジャーエフが第一次官に登用された。彼は長く科学アカデミー付属歴史学研究所で働いてきた歴史学者で，1990年から一年程ロシア連邦最高会議で共和国関係小委員会の議長を務めたのが唯一の政治活動歴であった。また同時期にクナッゼも次官として登用された。彼はそれまで世界経済国際関係研究所で日本問題を研究していた学者で，コーズィフの知識が乏しいアジア方面を管轄するために抜擢されたのである。

こうした陣容で活動し始めたロシア外務省は，すぐに多方面からの攻撃にさらされた。例えば1992年に外務省が中心となって作成した「対外政策の概念」と題する文書は，翌年1月に公表されるまで，最高会議国際関係・対外経済関係合同委員会で批判をあび，何度も書き直しを余儀なくされた。しかも，同様の文書が相次いで別の機関によって採択された。一つは，外交政策の助言機関として元ソ連外務省の高官や著名な学者，軍人，ジャーナリストなどを集めて設立された外交・防衛政策評議会が，1992年8月に新聞に発表した「ロシアの戦略」である。また，当時エリツィンを支える有力政治家であったスココフが書記として取り仕切る安全保障会議も，1993年4月に「対外政策の概念の基本規定」という文書を作成した。大統領が公式文書として署名したのは安全保障会議が作成したものに内容が近かった。

1993年末に新憲法が採択され，改めて対外政策におけるロシア大統領の指導権を確認したが，政策形成システムはなかなか確立しなかった。発足した議会制度では上院にも下院にも，安全保障，防衛，国際問題などを扱う個別の委員会が設置された。しかし，野党が支配的な委員会での対外政策に関する議論は，多くの場合にかみ合わなかった。このために対外政策についての情報はあまり社会に開示されなかった。

他方，大統領側は1994年から外務，国防，内務，民間防衛・非常事態の四省から直接報告を受けることにし，対外政策の統合・調整を図ろうとした。こうした動きと連動して，大統領府に対外政策を担当する部局が設置された。また，大統領が中心とする安全保障会議が，憲法の規定通り，主要な対外政策を審議・決定する機関になるかに見えた。実際に同会議は，大統領，首相，書記の他に上下両院の議長を構成員に加え，さらには外務，国防，連邦保安局の代表を含めることにより，次第に整備されていった。しかし，そのように機関として拡充されても，安全保障会議は対外政策を統合し，調整する役割を十分に果たせなかった。例えば，同会議の管理と運営を委ねられた書記の職には，1999年にプーチンが就くまでに五人もの政治家が入れ替わり任命されるありさまだった。

（2）対外政策をめぐるコンセンサスの成立

以上のごとく，対外政策の形成システムは曖昧であったが，政策統合の動きは，政策の形成に関与できる者を次第に限定していった。それとともに，対外政策をめぐる意見の集約化が進んだ。この過程は，上記の「大西洋主義」を支持する人々を形成過程から排除する動きになった。新たにシステムに加わってきた人々は，概してロシアはソ連のように対決しないまでも，国益を明確に主張すべきだと考える人々だった。

1996年（平成8）初頭にコーズィレフに代わって外相に任命されたE.プリマコフは，まさしくそうした志向を持つ人物だった。彼はアメリカを中心とした国際秩序が生み出されることに強い危機感を抱き，この観点から中国，インドとの関係強化を唱えた。1998年に首相になった後も彼のこうした姿勢は変わらず，翌1999年にワシントンに向かう飛行機の中でNATO軍によるセルビア攻撃決定の報を受けると，抗議の意を示すために訪問を取り止めるという行動を取った。

エリツィンは早くから国内のアメリカ批判を意識し，アメリカ大統領との間に個人的関係を築いた。また1993年9月には，当時の米副大統領ゴアとチェルノムィルディン首相の間で，定期的に意見を交換するルートを発足させた。この枠組はチェルノムィルディンが首相を辞めた後も続き，1999年に生じた関係の緊張を緩和する際にも利用された。

こうして，米ロ関係はともかくも破綻なく案件を処理したが，対外政策エリートのアメリカに対する姿勢は，国民のそれと同じく，非常に否定的になった。こうした彼らの姿勢は，エリツィン大統領時代に作成が進み，2000年（平成12）7月にプーチンによって承認された「対外政策の概念」と題する文書にも反映された。この文書は否定的文脈で「アメリカの経済的，軍事的支配の下で，世界の一極化構造をつくる傾向」があると指摘し，他方で「ユーラシアの大国としてのロシアの地政学的位置」にも言及していた。全体として，「ユーラシア主義」への傾斜を示していた。

4. 2000年以降の対米・対欧州政策

（1）プーチン大統領と9・11（同時多発テロ）事件

プーチンはロシアの指導者では珍しく，権力の中枢に上り詰める前に5年間もドイツで過ごし，ヨーロッパ諸国の市民生活に通じていた。こうした経験が政策に反映して，2001年（平成13）にアメリカで同時多発テロ事件が起きたとき，彼はいち早くブッシュ大統領に対して，ロシアはアメリカの対テロ戦争の同盟国になると表明した。それより前，事件が起きた直後には，彼の側近の一人と言われた国防相イワノフは，CIS諸国の土地は西側諸国が軍事作戦を展開する場にならないと述べていた。また，この時期にソチで開かれた会議では，プーチンは参加した軍部を説得するのに六時間もかけた。こうした事実は，彼がアメリカ支持を表明したとき，ロシアの政策決定サークルの中に意見の一致がなかったこと，またロシアの新対米政策がプーチンの非常に強いリーダーシップによって生み出されたことを示している。

おそらくプーチンは，彼のドイツ暮らしでロシアの経済的後進性を目の当たりにし，経済を再建するにはアメリカと緊張した関係を続けるのは望ましくないと判断したのである。また，ロシアがすでに何年もチェチェンで「イスラム過激派のテロリスト」と戦闘状態にあったことも，アメリカを支援する決定を採択した際に大きな要因になったと考えられる。

（2）協調から対立への転換

プーチンの行動は，予想通り西側における彼の評価を高めた。外国では，彼はロシア国内で弱まっていた「大西洋主義」の支持者でないかという観測まで流れた。こうした評価を背景に，2002年6月にカナナスキスで開かれたG8サミットにおいて，ロシアに2006年（平成18）のG8会議の開催を任せることが決まった。ロシア経済の実情は，まだ先進国に遠く及ばなかったけれども，平等なG8構成国の地位が与えられたのである。

しかし，協調関係はすぐに試練のときを迎えた。アメリカはアフガニスタンでの作戦が一段落すると，イラクのサダム＝フセイン政権が大量破壊兵器によってアメリカを攻撃する前に，攻撃能力を奪う必要があると主張した。これにプーチンはあくまで国連の決議が武力攻撃の必要条件だと主張して，同様の立場を取ったフランス，ドイツと武力行使に反対した。にもかかわらず，2003年3月にアメリカ，イギリスなどの多国籍軍がイラク戦争を開始した。ロシア国内では，この作戦は他国の主権を無視した行動だとする非難が沸き起こった。プーチンも対米批判の姿勢を取ったが，敵対関係に進まないよう慎重に行動した。

しかし，こうした対米姿勢も，その後に旧ソ連諸国で政権交代が続いたときに変化した。まず2003年11月にグルジアで，次いで翌年末にウクライナで，さらに2005年初頭から春にかけてキルギスタンにおいて，大衆運動を伴う選挙が繰り返され，親米的な政権が相次いで選出されると，プーチン政権は一連の政権交代の背後にアメリカ政府の策動があると判断した。続く2006年に，ブッシュ政権がチェコとポーランドに迎撃用ミサイルの関連施設を設置する計画を打ち出したことも，また，アメリカがNATOをさらに拡大し，ここにグルジアとウクライナの加盟を推進する姿勢を示唆したことも，ロシア側の対米不信を強めた。

プーチンは2007年（平成19）2月のミュンヘンにおける国際会議と4月の議会向け大統領教書において，公然とアメリカの外交を批判した。しかし，この時期にはアメリカ国内では，プーチン政権がロシア国内で民主主義的制度を形骸化させているという認識が広がっていた。相互の状況認識の違いは，関係改善を困難にした。

おそらくエネルギー資源価格が高騰し，21世紀になってロシア経済が急激に成長を始めていたことと，そのエネルギー資源の輸出を通じて，ロシアがドイツ，イタリアなどと緊密な経済関係を構築しつつあったことが，ロシア側の強い姿勢を支える要因になった。もはやエリツィン時代のように，ロシアは外国に経済援助を求める国ではなくなっていたし，アメリカとドイツ，フランス間に見られるように，冷戦時代に存在した欧米諸国の同盟関係もかなり変質していた。例えば，2005年には，ロシアとドイツ両国政府は，バルト海経由でロシア産の天然ガスをドイツまで輸送する北欧パイプライン敷設プロジェクトの推進を決めた。このプロジェクトは2011年（平成23）までに完成した。またロシアは，イタリアの民間企業とも同様のプロジェクトを進め，着々とその存在感を高めた。

しかし，2008年8月にグルジアとロシア間で戦争が勃発したことから，ロ米関係は一段と緊張を増し，ロ欧関係も大きく後退した。戦争のすぐ後に世界金融危機が勃発したために，さらに関係が険悪化するという予測は当らなかったが，それでも戦争はロシアの欧米政策に重くのしかかった。ロシアはこの軍事行動によって，グルジアなどのNATO加盟を断固容認しないという強い姿勢を示したのである。

こうした状況を受けて，2009年にアメリカに登場したオバマ大統領は対ロ関係の「再構築」を唱えた。しばらく冷却期間を置き，関係改善の可能性を探ったのである。他方，メドヴェージェフ大統領も，エネルギー資源に過度に依存した経済を質的に転換するために，「近代化のためのパートナーシップ」と称する政策を掲げ，欧米諸国との関係改善を模索した。

ところが2012年にプーチンが大統領に復帰すると、ロシアとアメリカの関係は再びギクシャクした状態に陥った。背景には、ヨーロッパ方面の安全保障に関する両者の認識の違いがあった。欧米諸国は、ロシアの民主化を重視し、同時にNATOの維持・拡大による安全保障の確保を目指したのに対して、プーチン政権はこうした対応はロシアの弱体化を図るものだと受けとめたのである。

この状態で2014年初頭にウクライナで政変が起こり，親ロシア的なヤヌコヴィッチ政権が倒されると，ロシアと欧米諸国との関係は急激に悪化した。プーチンは，この政権交代は外部勢力が反ロシア勢力を支援した結果だと批判した。これに対して欧米諸国は，政変の後にウクライナの一部の地域（クリミアや東ウクライナ）でロシアへの編入や分離独立の動きが広がったのを見て，これこそプーチンの画策によるものだと反発を強めた。以上のような状況から，ロシアと欧米諸国の関係は冷戦終焉以来で最も低調なものになった。それでも冷戦時とは違い，ロシアとヨーロッパ諸国の経済関係が緊密なことから，双方は全面的対決を回避しつつ，相手方の譲歩を待つ姿勢をとっている。

長い冷戦を経て，ロシアと欧米諸国の関係は相互理解が困難な状態にある。それでも，ロシアとアメリカの関係と，ロシアと欧州諸国（特にドイツとフランス）の関係にはかなりトーンが異なる。そこで，できるだけ二つの関係を個別に追い，比較することによって，ロシアと欧米諸国の関係の実態に迫るよう努めよう。

演習問題

1．現在のロシアの対米・対欧州政策の背後にある冷戦期の政策を，外交文書などの歴史史料に基づいて調べてみよう。
2．1990年代初頭から2012年までのロシアとアメリカの関係を考え，エリツィン，プーチン，メドヴェージェフの影響力を比較してみよう。
3．国民が持つアイデンティティは国家が歴史的転換を経たときに変わることがあるが，こうしたアイデンティティの変化が対外政策にどのような影響を与えるのか，考えてみよう。

12 ロシアの対外政策（2）アジア諸国との関係

横手慎二

《目標＆ポイント》 ここでは，ロシアのアジア外交の冷戦を経た変化を捉えることを目指している。安全保障はいつの時代でも重要だが，冷戦後のこの地域の外交では，特に経済と国境問題がロシアの政策を推し進める要因となった。ここでは，こうしたロシアとアジア諸国との関係の軌跡と，国際政治の枠組みの変化を考える必要がある。
《キーワード》 欧米諸国との関係，国境問題，貿易関係

1．歴史的背景

（1）ロシアのアジア外交の特徴

前章でも述べたごとく，ロシアはユーラシア大陸の中心から東側に位置することから，ロシア人は多くのアジアの人々と長期にわたって交流してきた。しかし，近代になってヨーロッパ諸国が興隆すると，ロシアはその影響を強く受けるようになり，自国をヨーロッパの国家として位置づけるようになった。このためにロシアの指導者は，ヨーロッパ諸国との関係に重点を置きつつ，アジア諸国との外交関係を処理するようになった。19世紀のロシア外務省にアジア局と呼ばれる部局が存在し続けたことは，そのことを象徴的に示している。言うまでもなく，基本的な外交はヨーロッパ諸国とアメリカとの関係にあると認めつつ，アジア局にヨーロッパ外の中東から東アジアまでの広い範囲を管轄させたのである。

こうした外交の構造は，近代以降のロシアの対アジア外交に幾つもの特徴を生み出した。例えば，ロシアは国家間の恒常的な関係に基づく問題の処理という意味での外交をヨーロッパ諸国に学び，アジア諸国に対する外交でもヨーロッパの国々の対処を模範にした。国境線の画定は，そうしたヨーロッパの国家間モデルの一つとして見ることができよう。また，ロシアは隣接するアジアの国々と外交問題を処理する際に，常に欧米諸国との関係を意識して行動した。特にロシアとオスマン帝国との関係でこの特徴が見られたが，中央アジア地域との関係でも，清国との関係でも，この点は変わらなかった。これらの国や地域との関係で問題が生じた際にはほとんどいつも，ロシア指導部の中では，ヨーロッパ諸国と協調して処理するか否かが論点となった。以下では，こうした特徴を持つロシアのアジア外交の変化を，西方と東方に分けて概観したい。

（2）帝政期からソ連期までの中近東地域との関係

近代以降，中近東地域でのロシアの外交関係は主としてオスマン帝国（後のトルコ）との関係に向けられた。18世紀以降，ロシア国内に民族的意識が広まると，この地域に住むキリスト教徒の待遇の問題がロシアの指導部を刺激し続けた。またロシア指導部は黒海が持つ軍事的経済的重要性を認識するようになり，オスマン帝国との関係を特別なものとして意識するようになった。両国の利害の対立はしばしば戦争によって解決されたが，この過程を通じてロシアの国土は南部に拡大していった。

ヨーロッパ諸国は両国の戦争に関心を払い続けたが，19世紀に大きく関与したのはクリミア戦争と1877年（明治10）から翌年にかけてなされた露土戦争の場合である。前者では開戦後にイギリスとフランスがオスマン帝国側に加勢し，ロシアを敗北させた。また後者では，ロシアが勝利後に獲得した条件がヨーロッパ諸国を刺激して，ベルリン会議が開催され，バルカン半島でのロシアの影響力が半減された。

ロシア革命後に成立したソヴィエト＝ロシアは当初は軍事的に弱体であったので，この地域では欧米諸国に対抗する姿勢を持つ諸国家（トルコ，イラン，アフガニスタン）と友好関係を生み出そうとした。特にケマル・アタチュルクの下に独自の国造りを進めたトルコとの間では，ロシアはオスマン帝国の時代と打って変わって良好な国家関係を築いた。この関係は1930年代半ばまで続いた。しかしその後，同国がイギリス，そしてアメリカとの戦略的友好関係に向かったために，関係は悪化した。トルコは1952年（昭和27）に北大西洋条約機構（NATO）に参加した。またイランとイラクは1950年代にはアメリカを中心とする反ソ同盟である中央条約機構に参加した。しかし後者の同盟は1970年代までに機能しなくなった。

（3）帝政期からソ連期までの東アジア諸国との関係

ロシアと現在の中国領にあった諸王朝との接触は非常に早くから始まったが，1689年にネルチンスク条約を締結したことで中露両国は初めて国境や通商関係などを確立した。18世紀初頭からは正教会の使節が北京に駐在するようになり，外交使節の機能の一部を果たすようになった。1727年のキャフタ条約から19世紀半ばまでの条約で，ロシアは国境を自国に優位に定め，さらに1896年（明治29）には清国と対日同盟条約を締結した。

日露戦争時とロシア革命後の数年間は，ロシアと日本は敵対関係に入った。しかし1920年代の後半には，ソ連と日本との関係は比較的穏やかに推移した。この時期にソ連は，反軍閥，反帝国主義の旗幟を掲げて革命を進める中国国民党を支援した。ソ連の対日姿勢は1931年（昭和6）に満州事変が起こると明瞭になり，日本の軍事的脅威に対抗するために中国の諸勢力と提携した。また極東ソ連軍の装備を固め，日本との戦争に備えた。この状態は1945年（昭和20）まで続き，広島に原爆が投下された直後にソ連は対日宣戦を布告し，第二次大戦での日本の敗北を早めた。

ソ連政府は1945年に国民党政府との間で，また中華人民共和国が成立した後の1950年には同国政府との間で，日本を対象とした同盟条約を締結した（後者は日本の同盟国も対象としていた）。しかし，実際に戦争が生じたのは朝鮮半島においてであった。1950年6月に始まるこの戦争に，ソ連の指導者スターリンは最初から関わっていたが，ソ連の北朝鮮に対する援助の事実を秘匿した。アメリカもソ連との軍事対決を回避したため，朝鮮戦争は北朝鮮と中国義勇軍を一方とし，韓国とアメリカ中心の国連軍を他方とする局地的戦争として戦われた。戦争は1953年（昭和28）に停戦協定が締結されるまで続いた。

東アジアの冷戦は，実際の戦争に転化したばかりか，社会主義陣営に深刻な対立が生じた点に大きな特徴を有していた。中ソ対立は1969年（昭和44）に国境付近での武力紛争にまで進展した。1970年代初頭に中国とアメリカが接近すると，ソ連と中国の関係はさらに険悪なものになった。この状態は1985年（昭和60）のゴルバチョフ書記長の登場まで続いた。

2. 1990年代のロシアの対アジア外交

（1）中近東地域

1990年頃から，ロシア政府はソ連と異なる外交政策を模索するようになった。しかし，当時，エリツィンの周辺にはアジア方面の専門的知識を持つ人材が乏しく，ロシア外交は欧米方面以上に揺れ動いた。

当時の中近東地域では，湾岸戦争の影響でイラクが勢力を弱めていたこともあり，トルコとイランが影響力を増大していた。ロシア指導部はそうした中近東地域の情勢よりも，トルコとイランが旧ソ連地域のトルコ語系の諸民族やイスラム勢力に影響力を及ぼすことに関心を寄せた。旧ソ連地域からロシアが急激に駆逐されるのではないかと身構えたのである。しかし，両国の同地域への進出は予想外に緩やかに進んだ。

むしろ大きな変化は経済面で現れた。ロシアとトルコの貿易額は1992年（平成4）の10億ドル余りからから2000年（平成12）の34億ドル余りへとほぼ三倍になった。またロシアとイランのそれは年により増減したが，それでも同じ期間に3億ドルから6億余りへと倍増した。ここでイランとの貿易がトルコとのそれほど順調でなかったのは，ロシアが輸出する高度な兵器と原子力技術にアメリカが強い懸念を表明し続けたからである。ロシア政府はアメリカとの友好関係を重視し，その意向に応えようとしたが，経済的困窮から数少ない外貨獲得源を手放すわけにはいかなかった。この問題では，ロシアの議会などにおいて，ロシア共産党などの野党勢力がエリツィン政府の対米姿勢を軟弱だと批判し続けた。

その他に見られた大きな変化は，ロシア政府が中近東地域の諸国家と関わる際に，旧ソ連地域の問題に関心を集中させ，地域問題そのものに関与しなかったことである。この点が明瞭に表れたのはパレスチナ問題で，ロシア政府はゴルバチョフが1990年（平成2）に再開したイスラエルとの外交関係を重視して，アラブ＝イスラエル関係で一方に偏ることを避ける姿勢をとった。

（2）南アジアと東アジアに対するロシア外交の変化

ロシア政府は独立当初は先進経済諸国との関係を重視し，中国との関係にあまり関心を払わなかった。しかし，1992年（平成4）末から態度を改めていった。ここで大きな問題になったのが国境問題である。この問題ではソ連時代末期にゴルバチョフ書記長が明確に譲歩の姿勢を示し，1991年5月に東部国境協定が締結されていた。しかし，そこでは中露国境河川にある大小の島々の帰属を確定できず，継続協議になっていた。ロシア国内では非妥協的な意見も強まっていた。結局，1994年に江沢民主席がロシアを訪問した際に旧ソ連西部国境画定協定が締結され，さらに1999年にエリツィンが訪中した際に，係争中の島について，三島を除くすべての帰属を確定する文書が調印された。両国が領土問題の全面的解決を定めた条約を締結したのは2004年（平成16）10月のことで，最終的に2008年のラヴロフ外相の訪中時に両国はすべての領土問題を解決したと表明した。

1990年代には領土交渉の進展とともに，中露両国の関係は緊密度を増していった。特に1996年1月にプリマコフが外相に就任すると，両国の接近は非常に明瞭になった。同年4月，上海に集ったロシア，カザフスタン，キルギスタン，タジキスタンと中国の5国は上海ファイブと称する枠組みをつくり出した。当初は参加諸国の国境地域の安定の確保などを目的としていたが，次第に中国とロシアを中心とする地域的政治的枠組みへと発展していった。前章で述べたように，プリマコフはロシアと中国，インドの三国の提携を通じて，アメリカの支配に対抗しようとした。この政策はNATOの東方拡大に不安を覚えるロシア国民の支持を集め，彼の人気を高めた。しかし，中国政府は彼が期待するほど明瞭にアメリカに対抗する姿勢を示さず，またインドと中国の間に長年にわたって蓄積された不信感も容易に解消しなかった。

エリツィン政権は西側寄りの姿勢を修正した際に，インドとの関係改善にも着手した。1993年（平成5）にエリツィンが同国を訪問すると，翌年にはインド首相の訪露がなされ，両国はソ連時代の友好関係を回復していった。この関係は1990年代後半にロシアがインドに高度な兵器の輸出を始めたことから，さらに緊密化した。その際，ロシア政府はソ連時代のようにインドを利用して中国を牽制する姿勢を取らないように努めた。

ロシア政府の実務的姿勢は，朝鮮半島に対する政策でも見られた。エリツィンは1992年11月に韓国を訪問した際に，有効期限10年の基本条約を締結した。同国でエリツィンは，ソ朝友好協力相互援助条約の第1条にある紛争時の自動介入条項に従うつもりはないと発言し，韓国寄りの姿勢を示した。しかし，このとき韓国はロシアが必要とする経済援助を約束しなかった。おそらくこのこともあって，翌年1月にエリツィンは外務次官を北朝鮮に送り，両国関係を立て直す方向に向かった。さらに1994年に，北朝鮮の核兵器開発問題に関連してアメリカ，韓国，日本などの枠組みが創出された際に，ロシアはそこから排除された。その後ロシアは，明瞭に朝鮮半島の二つの国家と等距離外交を進めるようになった。ロシアのこの動きは，その後の国際環境の中で多少変化したが，それでも1999年3月には北朝鮮と期間10年の露朝友好善隣条約を仮調印するところまで進んだ。結局，有事支援条項のない新条約は2000年に正式に調印された。

また日本に対しては，ロシアは1990年代にかなり友好的姿勢を示した。1992年春には，ロシア政府は係争中の領土交渉で二島返還・二島継続協議という譲歩を示したと言われる。この動きは，もし事実だとすれば，ロシア政府が先進経済国への接近という政策を進める中で，その一環として生まれたものだと考えられる。しかし日本政府があくまで四島の返還を求めたので，交渉は妥結しなかったと言われる。その後，アメリカ政府がロシアをG7の中に加えるというイニシャティヴを取る中で，日露関係は再度，改善に向かい，1997年にはクラスノヤルスクで日露非公式会談が実現した。ここでエリツィンが2000年までに領土問題を解決して，平和条約を締結したいとする意向を表明したことから，領土交渉に弾みがついた。しかし，翌年の川奈会談で日本側が提案した択捉島の北側に国境を画定し，実際の島の引き渡しは別に定めると言う解決案は，ロシア側の同意を得ることができなかった。

3. 2000年以降のロシアの対アジア外交

（1）中近東地域におけるロシア外交

2000年代以降になると，折からのエネルギー資源価格の高騰で，旧ソ連地域の産油国がその供給源として脚光を浴びるようになった。この状況で，ロシアの外交は石油と天然ガスの輸出問題を重視するようになった。ロシアからアジア方面へ向かう新設パイプラインでは，トルコへ天然ガスを輸送するブルー・ストリームが2003年（平成15）3月に完成した。しかし，これは輸送先がトルコだけであったので，完成後すぐに同国によってガス価格引き下げの要求が出され，ロシア側は仕方なくこれを受け入れた。

2003年のイラク戦争でロシアとアメリカの関係に亀裂が走ると，エネルギー資源をめぐる争いで欧州諸国はますますアゼルバイジャン産の石油と天然ガスを，ロシアを通さずにトルコに輸送するパイプラインの敷設に努めるようになった。こうして2006年までにBTC（バクー・トビリシ・セイハン）石油パイプラインと，BTE（バクー・トビリシ・エルズルム）天然ガス・パイプラインが完成した。これらのパイプラインを通して，欧米諸国はトルコがロシアのエネルギー外交を押さえる主要な役割を果たすことを期待したのである。

しかしこうした思惑に反して，トルコの対外政策はもはやロシアを敵視するものではなかった。ロシア＝トルコ関係は，ブルー・ストリームでの苦い経験にもかかわらず拡大していき，2004年には貿易額が100億ドルを突破した。同年12月に同国を訪問したときに，プーチンは政治的関係が経済的関係よりも遅れていると発言した。また彼はこのとき，トルコが前年のイラク戦争でアメリカ軍に輸送ルートを提供することを拒否したことを評価した。こうして両国関係はその後も順調に拡大し，2008年からは毎年のように首脳が相互に訪問するようになった。ロシアは現在でもトルコがエネルギー資源の輸送路として反露的企図に参加することや中央アジアに影響力を拡大することを懸念しているが，同国の西側離れの外交を高く評価するようになっている。2010年にも，両国はエネルギー資源のヨーロッパ方面への輸送で協力する姿勢を確認した。

ロシアとイランの関係は，以上のトルコとの関係に比べると複雑である。ロシア政府が，イラン政府は核兵器を開発しているとする西側の懸念を共有するようになったからである。このためロシア政府は，イランの平和的な原子力利用に協力する姿勢をたびたび表明しつつ，核兵器の材料となるウラン濃縮技術については開発を止めるよう説得した。また，イランに高度な武器の売却を申し出つつ，アメリカがイランに厳しい制裁措置をとることに反対してきた。こうしたロシアの慎重な動きは，メドヴェージェフが大統領のときに一時影を潜め，ロシアは国連のイラン制裁に従って，売却を約束していた地対空ミサイルの引き渡しをキャンセルする行動に出た。この事件はイランとの関係をギクシャクさせた。しかし，2012年（平成24）にプーチンが大統領として復帰すると，両国は再び関係の修復に向かった。

また2010年代になると，ロシアはアラブ・中東地域の政権交代に注目し，次第にこの地域の問題に関わりを強めていった。その象徴がシリア問題である。ロシア政府はシリアで内戦状態が続いても，アサド政権に敵対する欧米諸国の武力介入に反対する姿勢を堅持した。2013年6月には，プーチンがイスラエル，パレスチナ，ヨルダンを歴訪し，この問題への強い関心を示した。そして9月に，ロシア政府は国連の監視下でシリアの保有する化学兵器を全面的に廃棄させる政策を提唱した。これにアメリカのオバマ政権も同意した。ロシア指導部は，アメリカとヨーロッパ諸国の国民が武力介入政策への支持を低下させている事実を見てとり，出番をうかがっていたのである。この事件で，ロシア政府は冷戦終焉後に初めてアメリカ政府に明瞭な影響力を及ぼした。

（2）南アジアと東アジアの地域におけるロシア外交

2001年（平成13）の9・11事件のときに，プーチンがあらかじめ協議することなくアメリカ支援の姿勢を取ったことから，中露間の戦略的関係はその脆弱性を曝け出した。それでも両国は，事件前の6月に両国は上海ファイブを上海協力機構（SCO）に発展させ，さらに翌月には有効期限20年の善隣友好協力条約を締結していたこともあり，これ以上，疎遠にならないように努めた。実際，両国の経済関係は急速に拡大し，1999年に55億ドルだった貿易額は2006年には320億ドルにまで拡大した。また2003年5月に胡錦濤主席が訪露したとき，アンガルスクから大慶に至る石油パイプラインの建設計画が進んだ。ただしこの計画は，ロシア側の主体となった民間石油会社ユーコスがその後ロシア政府によって取り潰されたことから，棚上げにされた。

それでも2005年7月には，中露両国の首脳はアスタナで開かれた上海協力機構の会議に参加し，同機構の首脳声明の形で，中央アジア地域からのアメリカ軍の撤退期日の明確化を求めた。また会談に続く8月に，ロシア軍は中国軍と史上初の大規模な共同軍事演習を行った。こうして，中露関係は2000年代半ばまでは比較的順調に推移した。

しかし2000年代の半ばから，両国関係には軋轢が目立つようになった。第一に，中国のロシア製兵器に対する注文が激減した。多くの観察者は，中国側の兵器獲得量が一定レベルに達し，軍が操作技術を学ぶ段階に入ったのではないかとか，ロシア側が中国の軍事力が高まるのに警戒心を持つようになったのではないかと推測した。間違いのないことは，この間もロシア側はインドに対して，中国に引き渡すよりも高度の武器を売却し続けていたことである。第二に，2007年にはロシア製兵器に対する中国の違法コピーの問題が取り沙汰されるようになった。関連して，既に中国の製造業が自前で高度な兵器を製造できるようになったのではないかとする観測も流れた。第三に，2008年のロシア＝グルジア戦争の後にロシアがアブハジアと南オセチアの独立を承認したとき，中国側はこれを完全に無視した。チベットなどに影響が及ぶのを恐れたのである。第四に，2008年にメドヴェージェフは，大統領就任後，明瞭に欧米諸国との関係強化を内容とする「近代化のためのパートナーシップ」路線を推進し，中国との一方的関係強化とはややニュアンスの異なる方向を目指した。第五に，ロシアは2012年からヴェトナムとの間で，中国と領有権問題のある南シナ海で共同の石油資源の開発に乗り出した。またヴェトナムへの高度な兵器の輸出も進んでいる。これは中国と距離を置く姿勢に見える。

以上のように，2000年代後半には中露関係にライバル的関係が認められた。しかしそれでも，中露両国はアメリカと欧州諸国が進める国際秩序の再編に反対する姿勢を共有し続けている。また両国は，特定国の民主化のために外部の国家が軍事力を行使することや，欧米諸国の価値観を普遍的な価値観として扱おうとすることにも強く反発している。また，2010年代からロシアから中国へのエネルギー資源の輸出が急増している。

以上からするならば，今後ともロシアは米中露の三国関係では中国との友好関係を深め，各論の部分では同国との軋轢を抱え続けると考えられる。しかし，現実には経済面で相対的に劣勢にあるロシアにとって，選択肢は広くなく，今後も米中という対照的な国家の圧力に抗しつつ，バランスをとる外交を進めるものと予想される。

2000年以降のロシアとインドの関係も，決してすべてが順調なわけではない。冷戦時とは異なり，アメリカとインドの関係が大きく改善した。特に目覚ましいのはインドの経済成長で，もはやソ連の経済的支援に頼る必要はなくなった。それにもかかわらず，インドとロシアの貿易関係はさして発展していない。インドとロシアの貿易額は常に日本とロシアのそれよりも少なく，中露関係のそれにまったく及ばない状態にある。しかし，ロシアのアジア外交にとってインドが貴重な存在であることは変わらない。ロシアは2005年以来，上海協力機構のオブザーバーの地位をインドに与えている。中国とロシアは，インドと不仲なパキスタンに同様の地位を与えてバランスを取った。ロシアはまた，ブラジル，インド，中国というBRICsの枠組みをつくり出すことにも意義を認めている。2009年にはメドヴェージェフがこの枠組みで最初の首脳会談を開いた。おそらく対欧米の枠組みとしてばかりか，中国と対立することなく，インドとの関係を発展させる方法として有効だと考えているのである。

ロシアは，2000年代半ばから東南アジア諸国に対する対応でも存在感を示すようになった。この点で特に目立つのは，武器輸出の増大である。ロシアは中国のロシア製武器に対する購買意欲が減少すると，北アフリカ，中東，中南米に広がる国々に幅広く輸出先を求めたが，その一環として東南アジア諸国にも輸出を拡大した。当初はインドネシアの輸入額が高かったが，2010年以降ではヴェトナムの購入額が突出している。同様に東南アジア諸国との貿易関係もエネルギー資源を中心に広がっている。この点では，2009年末に稼働を始めた東シベリア・太平洋石油パイプラインが大きな意味を持つ。これにより輸送される石油の大半は，中国，日本，韓国で消費されているが，東南アジア方面にも輸出されている。2012年9月にロシアがウラジヴォストークにおいてAPEC首脳会議の議長国を務めたのは，以上のような状況を反映している。

ロシアの朝鮮半島政策は，プーチン大統領の登場以降，ますますこの地域におけるロシアの影響力の確保を目指すものになった。ロシアは2003年に開始された北朝鮮の核問題をめぐる六者協議に参加した。さらに，経済問題などを介して北朝鮮との二国間関係を深めようとしている。

2000年代以降のロシアと日本の関係は1990年代と様変わりし，協調面よりも対立面が目立つようになった。ロシア側は国内経済が混乱から立ち直るとともに，日本からの経済援助に期待しなくなった。他方，日本側でも領土交渉を進めていたチームが分裂し，交渉方針が不明瞭になった。このため，領土交渉は進まなくなった。こうした状況にあった2010年と2012年に，それぞれ大統領と首相という職務にあったメドヴェージェフが国後島を訪問するという出来事が起こった。日本政府は非常に強い不満を表明したが，ロシア側はこれを無視する姿勢を取った。

それでも2012年にプーチンが大統領に復帰すると，彼は改めて領土交渉を再開して，日露間に平和条約を締結しようとする姿勢を示した。この変化を生み出した背景には，少なくとも一部はエネルギー資源問題があったと考えられる。ロシアはシェールガスの普及で，自国の天然ガスを太平洋方面で液化して輸出したいと考えるようになっており，他方で日本は福島の原子力発電所の事故以来，エネルギー資源をこれまで以上に大量に輸入せざるを得なくなっているのである。日本とロシアは，改めてお互いが有用な存在であることを意識するようになったのかもしれない。

ロシアのアジア外交は，バルカン半島から中東地域に対するものと，東アジア地域に対するもので個別に検討するのが普通である。ここでは，アジア外交全体を，欧米諸国に対する政策と対比して考えるようにしよう。

演習問題

1．1970 年代の米中ソ関係と，2000 年代の米中露関係の違いを考えてみよう。どのような点が変化したと考えられるのだろうか。
2．冷戦時のソ連のアジア諸国との貿易関係を調べて，現在との違いを確認してみよう。
3．新聞や研究書を利用して，1985 年以降のロシアと中国の国境交渉の概要をまとめてみよう。

13 ロシアと旧ソ連地域

横手慎二

《目標＆ポイント》 ソ連崩壊後に生まれた国々は，短い期間の間に多様な方向に外交活動を展開するようになった。ここでは，これらの国とロシアの関係に影響を与えた要因（歴史的要因，経済的要因など）を検討する。ロシアばかりか，アメリカや中国などがこの地域の発展に深く関わっている事実に注目する必要がある。

《キーワード》 帝国的関係，「近い外国」，勢力圏

1．特別な関係

（1）歴史的背景

1991年（平成3）末にソ連は崩壊し，その地域に15の独立国が生じた。このうちエストニア，ラトビア，リトアニアの三国は第一次大戦後，20年ほど独立国であったこと，さらに，いずれも地理的に外洋に接していて人口規模が小さいことなどから少し早く独立した後，速やかに国家体制を固めることに成功し，旧ソ連諸国との関係を通常の独立国同士の関係として扱うようになった。それに対して他の旧ソ連諸国は独立国家としての経験がほとんどなく，地理的社会的条件も複雑で，明瞭な外交方針が取れなかった。

ロシアから見ると，自国を除く残りの11の国々は，歴史的文化的関係から四つにまとめることができる。すなわち，第一は同じ東スラブ語族に属するウクライナとベラルーシ，第二はカフカース山脈南部にあるグルジア，アルメニア，アゼルバイジャン，第三は中央アジア地域の5

国，そして第四が以上のどれにも入らないモルドヴァである。

このうち第一のグループの中では，現在のウクライナの東側部分は早くからモスクワ国家と結び，その中核を構成してきた。これに対して同国の西側部分は第二次大戦後にソ連領のウクライナに入った地域で，その住民は概してロシアよりも中部ヨーロッパ地域に住む人々と親交を結んできた。また現在のベラルーシは，リトアニア大公国とポーランドの支配を経て，18世紀後半にロシア帝国に帰属するようになった。歴史的に，この地域の住民は独立国家を創出する強い意欲を見せなかった。

次にカフカース山脈の南に位置する三国の中では，アルメニアとグルジアはキリスト教国家で，古くからロシアと交流を重ねてきた。特に18世紀初頭には，ピョートル大帝が両地域に貿易ルートとして関心を示した。最終的に両国の全域がロシア帝国に編入されたのは18世紀末から19世紀初頭にかけてである。これに対してアゼルバイジャンはムスリム地域で，基本的に19世紀前半のロシア＝ペルシア戦争を経てロシアの支配下に入った。

また現在の中央アジアは，19世紀前半から半ばにかけてロシアが軍事的に征服した地域である。それ以前にこの地域に存在したのはトルコ語系遊牧民の部族国家や，小規模な王朝国家であった。1920年代になって，ソ連政府はこの地域に現在の民族国家の原型を生み出した。その後もロシア人（ソ連人）は近代化を推進し，社会主義的改造を行った。植民地としての過去，そしてソ連時代の大規模な社会改造のために，ロシア人とこの地域の諸民族との関係は非常に複雑なものになった。

さらに，現在のモルドヴァは第一次大戦と第二次大戦の間はルーマニア領であった地域で，当時はベッサラビアと呼ばれていた。現在使われる「モルドヴァ語」も，ルーマニア語と変わらないとする説がある。

（2）社会経済的遺産

帝政時代に生み出された帝国的関係は，ロシア革命を経てすべてが変わったわけではなかった。こうした関係の存在を非常に象徴的に示すのが人口問題である。多数の人々が，自分の民族が多く住む地域を離れて，領域内の各地で暮らしていたのである。たとえば，ソ連時代の後半に各連邦共和国の人口にロシア人が占める割合は次のようであった。

表13-1　ソ連時代の各連邦共和国に占めるロシア人の割合（%）

	1959年	1970年	1979年	1989年
ウクライナ共和国	16.9	19.4	21.1	22.1
ベラルーシ共和国	8.2	10.4	11.9	13.2
モルドヴァ共和国	10.2	11.6	12.8	13.0
リトアニア共和国	8.5	8.6	9.0	9.3
ラトヴィア共和国	26.6	29.9	32.8	33.9
エストニア共和国	20.0	24.7	27.9	30.3
グルジア共和国	10.0	8.5	7.4	6.3
アゼルバイジャン共和国	13.6	10.0	7.9	5.6
アルメニア共和国	3.2	2.6	2.3	1.6
カザフスタン共和国	42.7	42.6	40.8	37.8
ウズベキスタン共和国	13.7	12.5	10.8	8.4
キルギスタン共和国	30.2	29.2	25.9	21.5
タジキスタン共和国	13.3	11.9	10.4	7.6
トルクメニスタン共和国	17.3	14.5	12.6	9.5

出典：V.I.Kotov, *Narody soiuznikh respublik SSSR*, M., 2001, pp.223-261.

ここから，諸民族の混在状態が想像できるであろう。ソ連時代には多くの人々が自分の生まれ故郷を離れて，異なる文化が溢れる地域で生活していた。特に支配的であったロシア人にこの傾向が顕著であった。

また経済構造では，ソ連時代には各国の経済はそれ自体として完結することなく，密接な相互依存関係を作ることで全体を機能させていた。このことは，例えば，ウズベキスタンが綿花の生産に特化し，アゼルバイジャンが石油の生産に集中していたことを意味する。また，共和国によっては自国内で生産したものの大半をソ連内の他の共和国に移出し，他の共和国から同等の生産物を移入していた。このことに関連し，ソ連体制では生産物の価格が人為的に定められていたために，経済的依存関係が非常に不明瞭であったことも無視されてはならない点である。このために独立国家として出発する際に，どの共和国の政府も，自分たちの国の経済的自立性について確たるイメージを持てなかったのである。

さらに，外交と軍事に関して言えば，ソ連時代にこれらの統制機能はほぼ完全にモスクワのソ連諸機関に集中していたので，各国はほぼ白紙の状態から組織を立ち上げ，実践しなければならなかった。

こうした状態を考えるならば，ソ連から独立した大半の国が，ともかくも過渡的な形態として1991年（平成3）12月に独立国家共同体（CIS）を発足させたのは自然な対応だったと言えよう。それでも，グルジアは自国内の少数民族地域の取扱いをめぐってロシアと対立していたために，1993年12月にようやくCISに加盟した。このとき12の独立国家がようやくすべて加わったのであるが，それでCISが安定することはなかった。

2. 1990年代のロシアの政策

（1）ソ連崩壊直後の混乱

ロシア指導部は独立後暫くの間，旧ソ連諸国に対する明瞭な政策を打ち出すことができなかった。結局，彼らは事態に押されて対応を積み重ねていった。このときロシア指導部が旧ソ連諸国との関係で直面した問題は四つあった。第一はソ連の国際的地位の継承と，これに関わる核兵器の取扱いの問題である。ロシアはソ連が有していた安全保障理事国の地位などを引き継ぐとともに，ソ連が保有した核兵器を継承した。このとき欧米諸国が特に強い関心を寄せたのは，ウクライナ，ベラルーシ，カザフスタンの三国に配備されていた核兵器の問題である。ロシア政府は旧ソ連諸国に配備されていた核兵器について特別な働きかけをしなかった。それでも核兵器の拡散を恐れる国際社会の意向とロシアの利害が一致し，1994年末までにロシア以外の旧ソ連諸国にあった核兵器は全てロシアに移送されることが決まった。最も強く抵抗したウクライナも，国際社会の圧力を受けて核兵器の放棄を受け入れた。

第二は各連邦共和国に住むロシア系住民をめぐるもので，この問題は特にエストニア及びラトヴィアとロシアの関係を紛糾させた。これらの国では，ロシア系住民が国籍を取得するのに一定の居住期間と言語能力を求めたからである。ロシア政府はロシア系住民の窮状を国際社会に訴えて外交問題としつつ，国内では1995年に同胞法を制定し，旧ソ連人に広くロシア国籍を与える政策を取った。また同じ時期にロシア政府は，モルドヴァに住むロシア系住民が，同国内に「プリドニエストル共和国」という事実上の独立国を生み出すのを側面から援助した。言うまでもなく，ロシア政府が旧ソ連諸国に住むロシア系住民に保護の手を差し伸べることは，ロシア以外の旧ソ連諸国にとっては内政干渉となる行為である。しかしロシアの人々は，独立国になった旧ソ連諸国を「近い外国」と呼んで，あたかも外国ではないかのごとく対応した。このために，多くの紛争がロシアと旧ソ連諸国の間で生じた。現在も，ロシア系住民の問題は外交的争点となって残り続けている。

第三は旧ソ連の南部国境の警備問題である。当時，ロシアと旧ソ連諸国の間の国境はどこも国境として整備されておらず，旧ソ連の国境を共同で管理する方が安価で容易だと考えられた。しかし，各国の思惑の違いで，この共同国境管理構想は実現しなかった。そこでロシアは個別に対応しようとした。特に緊急を要したのはタジキスタンとアフガニスタンの間の国境で，ここでは外部勢力の進入を防ぐためにソ連時代から駐留していた部隊が国境警備に当たった。タジキスタンでは部族同士の抗争が進み，ロシアに頼らざるを得なかったのである。その他の国については，ロシア政府との交渉の末に，一時的に共同の国境警備が実施されたが，次第に各国が独自の国境管理体制を構築していった。

第四の問題は経済問題である。ソ連の崩壊直後は経済の混乱が続く中で，旧ソ連諸国に住む多くの人々が，ともかくも旧来の経済的諸関係を回復させたいと考えた。しかし，当時のロシア政府は，旧ソ連地域の経済空間を維持すれば，それだけ自国の経済に負担をかけ，改革を困難にすると考えた。そこで1992年に，彼らは他の旧ソ連諸国に諮ることなく市場経済の導入を決めた。さらに1993年7月には，ロシア政府はそれまでほとんどの旧ソ連諸国で流通していたルーブル紙幣のロシア国内での利用を一方的に禁止する措置を取った。貿易の決済をドルなどの外貨で行うことにしたのである。これはカザフスタンなど，ロシアとの共同経済空間の維持に期待を寄せていた国に大きな打撃を与えた。しかし，こうした試練を経て，ようやく旧ソ連諸国は帝国的関係の残滓を除去し，ともかくも自前で経済を運営する方向に向かった。

(2) 再統合に向けた動き

当初の混乱が収まってくると，ロシア政府は次第に政策目標を整理していった。ロシア国内では，経済の低迷状態の中でエリツィン批判が強まり，ソ連崩壊もゴルバチョフと彼の誤った政策の結果だとする意見が広まった。エリツィン政権としても，こうした批判を無視できなかった。特にウクライナは旧ソ連諸国の中でロシアに次ぐ大国であり，しかも同じスラブ民族としてロシア国民が強い親近感を抱いていたので，政権としても何とかして両国の間で再統合の気運を生み出したいと考えた。そこで，1994年（平成6）にウクライナの大統領としてクチマが登場すると，ロシア政府はウクライナとの関係改善を強く働きかけた。こうして，それまで両国間の懸案になっていた黒海艦隊問題，さらに同艦隊の基地になっていたセヴァストーポリ港問題で，両国は和解に向かった（両国はクリミアの領有問題でも対立していたが，エリツィン政権は同地域のウクライナ領有に理解を示した）。1997年5月に両国間で締結された友好条約は，こうした努力の到達点であった。

しかし，それでもウクライナにはロシアに対する強い警戒心が残り続け，上記に並行して対露対抗策を模索する動きが続いた。このために，両国関係はこれ以上進展しなかった。こうしたウクライナの行動は，旧ソ連諸国の再統合の動きを困難にし，そこにロシアとの提携を必要とみなす勢力と，ロシアの影響力を封じ込めようとする勢力を生み出した。

ここで前者の中心となったのがカザフスタンとベラルーシである。特にカザフスタンのナザルバーエフ大統領は，1994年3月にモスクワで「ユーラシア同盟」構想を提唱し，旧ソ連諸国の再結集を訴えた。これはさまざまな憶測を生み，多くの旧ソ連諸国で反発を引き起こした。しかし，欧米諸国がNATOの拡大に向かう中で，ロシア国内では選択肢の一つとして考慮され続けた。これに対してベラルーシは，もっぱら自国の独自性を擁護するという見地からロシアに接近した。ロシアとしても旧ソ連諸国の再統合を図る手がかりになると考え，この動きを歓迎した。こうしてロシアは1995年にベラルーシと関税同盟を結成した。さらに翌1996年3月には，カザフスタンとキルギスタンを加えた四国の関税同盟の結成が宣言され，ここにロシア提携派の中核グループが生まれた。

しかし安全保障の面では，ロシアは旧ソ連諸国の分裂を止められなかった。この面では，1992年5月にアルメニア，カザフスタン，タジキスタン，ウズベキスタン，キルギスタンとの間で集団安全保障条約が締結されたが，それは混乱の中で生まれたもので，実際の結束力は不確かであった。しかもすでにこの時点で，ウクライナとモルドヴァは加盟を拒否し，中立を志向するトルクメニスタンも参加を見合わせた。その後，1994年までにベラルーシ，グルジア，アゼルバイジャンがそれぞれの思惑で条約に加わったが，1999年末までに今度はウズベキスタン，アゼルバイジャン，グルジアが撤退した。こうして，安全保障関係で生じた再統合勢力も，ロシア，ベラルーシ，カザフスタン，キルギスタンの四国に，タジキスタン，アルメニアの二国を加えた六か国のグループに過ぎなかった。

反対に，ロシアの影響力の拡大阻止勢力の中では，1997年にグルジア，ウクライナ，アゼルバイジャン，モルドヴァの四国がGUAM（グアム）と呼ばれる反ロシア・ブロックを形成した。さらに一時的ながら，ウズベキスタンがこれに加わった。これらの国はロシア抜きの経済ブロックを目指したが，それは能力不足から実際には機能しなかった。しかし，ロシアによる旧ソ連諸国の再結集を困難にしたことは確かで，現在もGUAMは「民主主義と経済発展を目指す組織」として機能している。

3. 2000年以降の旧ソ連地域をめぐる国際関係

（1）プーチン政権の政策

プーチンは大統領就任時点では，旧ソ連諸国に対して明確な政策を持っていなかった。彼が承認した「対外政策の概念」は，地域政策でCIS諸国を第一に挙げ，優先的地域と位置づけていたが，すでにさまざまな方向に分化しつつある状況についてまったく触れていなかった。プーチンがこの地域の国に取った最初の行動は，2001年2月のウクライナ訪問であった。彼は，国内的スキャンダルのために苦境にあったクチマ大統領に支援の手を差し伸べようとしたのである。明らかに，彼はまだウクライナを含めた諸国の再結集が可能だと考えていた。

その後にプーチンは，旧ソ連地域の戦略的関係に関わる政策を次々に採択した。まず同年6月に，彼は中国の主導で進む上海ファイブを上海協力機構（SCO）として発展させることに同意した。同機構は，上海ファイブのときと同じく，国境地域の安定化やウイグル族やイスラム勢力の反政府活動を取り締まることを目的としていた。しかし，恒常的な機構の設置は，中国に中央アジア諸国との接触の機会を与えた。その帰結は2000年代後半以降に表れるのである。

プーチンが取った第二の政策は，同年9月に生じた同時テロに関連して，中央アジア諸国にアメリカ軍の駐留を許したことである。前章で述べたように，これによって一時的にロシアはアメリカとの関係を改善し，国際社会の主要なプレーヤーとして復活した。しかしそれは同時に，中央アジア諸国の人々にアメリカの政治的軍事的影響力を真剣に考える機会を与え，新たな政策を模索させる引き金となった。

プーチンは，明らかに2003年までアメリカとの協調を目指した。しかし，同年3月のイラク戦争に続いて，翌2004年1月にグルジアに，また12月にウクライナに親米政権が成立すると，考えを改めざるを得なくなった。その後2005年春にはキルギスタンで政権打倒の動きが起き，また5月には，同じようにアメリカに軍事基地の利用を認めていたウズベキスタンで反政府蜂起事件が起こった（グルジア以下の政変は「カラー革命」と呼ばれた）。一連の事件がプーチンにとって予想外のものであったことは確かである。特に彼にショックを与えたのは，ウクライナにおける政変であった。プーチンは同国の選挙でかなり公然と親ロシア的と目されていたヤヌコヴィッチ候補を応援した。そのため，選挙で勝利したユーシェンコ政権との関係は気まずいものとなった。

こうした状況でロシアが取れる対応は限られていた。まず利用されたのは安全保障の枠組みである。2003年4月の集団安保条約締結国の首脳会談で，ロシアは集団安保条約機構を設立し，安全保障面のみならず政治的にも加盟国を結束させようとした。同機構はロシアと中央アジア諸国を結びつけた点では一定の成果を挙げたが，旧ソ連諸国の多くを組み入れることができず，かなり限定された機能しか果たせなかった。

第二に，ロシアが考えたのは経済的統合である。ここでは2000年10月にロシア，ベラルーシ，カザフスタン，キルギスタン，タジキスタンの5国で設立されていたユーラシア経済共同体が利用された。ロシアは2005年にはウズベキスタンを加え，これをヨーロッパ共同体（EU）と同様の機構に発展させようとした（ウズベキスタンは2008年には共同体への参加を見合わるようになった）。2006年には，共同体参加国の中のロシア，カザフスタン，ベラルーシの三国で関税同盟を結成することを決定した。中央アジア諸国の人々にとっては，経済共同体は彼らにロシア国内における経済活動を許す枠組みとして一定の意味を有していた。

最終的にロシアが期待をかけたのは，そのエネルギー資源であった。ヨーロッパ諸国との関係と同様に，ロシアはエネルギー資源を通じて旧ソ連諸国との間でも緊密な関係を生み出そうとした。折からのエネルギー価格の高騰はロシアに好都合に見えた。プーチンはまず2003年秋に，トルクメニスタンやカザフスタンのエネルギー資源をロシアのパイプラインを通じて輸出する路線を推し進めた。これによって旧ソ連地域のエネルギー資源に対する支配を強化し，同時に結束を固めようとした。

次に，2005年12月にプーチンは，グルジアとともに「民主的選択共同体」の形成を目指すと宣言したウクライナに対して，天然ガスの引き渡し価格を大幅に上げると通告した。しかしウクライナの粘り強い対応で交渉は難航し，2006年1月にロシアがガスの供給を停止する事態にまで発展した。この動きはウクライナに敷設されたパイプラインを通じてロシア産のガスを受け取っていたヨーロッパ諸国に影響を与え，大きな国際問題になった。結局，ロシアとウクライナはともに譲歩して問題の解決に向かった。これによってウクライナ側も大きな打撃を受け，2010年の選挙で親米派のユーシェンコ大統領が敗北した。しかしその後も両国の関係はロシアが期待したほどには緊密にならなかった。

ロシアは2006年3月に，ベラルーシに対してもガス価格の引き上げを通告した。自立化を進めていた同国のルカシェンコ大統領に，改めて同国がロシアに経済的に依存している事実を理解させようとしたものと思われる。ベラルーシの場合は，ウクライナと違ってヨーロッパ諸国の支援が得られなかったので，ロシアに譲歩せざるを得なかった。しかしそれでも両国の関係は円滑にならなかった。その後も両国は，繰り返しガスの引き渡し価格をめぐって対立した。

（2）ロシア以外の勢力の台頭

2000年代後半になると，旧ソ連諸国はますますロシア以外の国と関係を深めるようになった。こうした動きの中で特にロシアが危機感を抱いたのは，グルジアとウクライナがアメリカの支援を受けてNATO加盟を目指したことである。2008年8月にグルジアが実力で南オセチアなどに駐留していたロシア軍を排除しようとしたとき，ロシアは非常にはっきりとグルジアの動きに対抗した。大規模な軍事的反撃に出て，グルジアやアメリカに対し，ロシアは関係をどれほど緊張させても，NATOの拡大に反対するつもりであることを示したのである。

戦争終結直後にメドヴェージェフ大統領は，テレビのインタビューに答える形で対外政策の五原則を挙げ，そのうち一つとして，旧ソ連地域は「伝統的に友好的，善隣的関係を持ち，歴史的に特別な関係を有する地域」であるとして，ロシアには「優先的利害がある」と主張した。明らかに彼は，これらの国が反ロシア的同盟に参加することを，ロシアとしては容認しないと強く警告したのである。

しかし，ロシアがどれほど過去の絆を強調してCIS諸国は自国の勢力圏にあると主張しても，これらの国のロシア離れを止めることはできなかった。この点で象徴的な意味を持ったのは，中国の旧ソ連地域への経済的浸透であった。中国はまず2005年にカザフスタンの石油会社カザフペトロを購入し，同国産の石油を大量に輸入するようになった。また2010年には，新設の輸送パイプラインを通じて，同国から天然ガスを輸入するようになった。このパイプラインはトルクメニスタンとウズベキスタンも通過しており，中国はこれらの国からも天然ガスを輸入するようになった。さらに，中国はキルギスタンとタジキスタンにも多額の投資を行い，経済関係を深めた。この結果，中国関税当局の発表では，2011年の中央アジア五国への中国の輸出額は124.9億ドルであり，逆にこれらの国から中国の新疆と西中国への輸出額は44.9億ドルに達した。もはや中央アジア諸国は，ロシアにのみ経済的に結合する国家ではなくなったのである。

同様に，イランも規模は大きくはないが，着実にトルクメニスタン，タジキスタン，カザフスタンなどの国と経済的関係を深めている。またトルコは，第12章で触れたごとくアゼルバイジャンと同国のエネルギー資源を輸送するパイプラインを敷設して緊密な関係を築くだけではなく，中央アジア諸国（カザフスタン，トルクメニスタン，ウズベキスタン，タジキスタン）とも緊密な経済関係を築いている。トルコと中央アジア諸国との貿易は2010年には65億ドルに達し，その後も拡大傾向を示している。その他に同国は，この地域から多数の留学生を受け入れて，長期的な関係の基礎を築こうとしている。

2014年2月にウクライナで起こった政変も旧ソ連地域に対するロシアの影響力の低下を印象付けた。親ロシア的政策を進めていたヤヌコヴィッチ政権が，EUとの接近を求める民衆の抗議活動を受けて崩壊したのである。ロシア指導部は危機感を募らせ，政変は違法だと主張した。また，3月にクリミアで実施されたレファレンダムが，圧倒的多数でウクライナからの離脱とロシアへの編入を決めると，ロシア指導部はクリミア自治共和国とセヴァストーポリ市をロシア連邦の一部として併合することを決めた。

こうした動きによって，ロシアは確かに領土を増大させ，ウクライナの一部に強い影響力を有することを示したが，支払ったコストも少なくなかった。欧米諸国の強い批判を招いたばかりか，ロシアは旧ソ連諸国に帝国的関係を復活させようとしているのではないかとする警戒心を呼び起こしたのである。

ロシアの国力は旧ソ連地域で経済的にも軍事的にも突出しているが，それでも，この地域全体に勢力圏を築くのは困難だと言えよう。

〈付記〉関税同盟は一般に同盟国間の関税を撤廃し，第三国に対する関税を維持する取り決めを意味するが，1990年代にロシアとベラルーシ，カザフスタンなどと結ばれた関税同盟は，WTO（世界貿易機関）の定義にある第三国に対する関税率の統一という要件を充たしていないので，本来の関税同盟とは言えないとする説がある。ただし，ロシア語や英語のロシアの対外政策に関する文献では，特段の説明なく関税同盟と記されているので，本書ではそれに従った。

2008年のロシア＝グルジア戦争，そして2014年のウクライナ危機は，ロシアと旧ソ連諸国との関係が未だきわめて不安定であることを示した。この地域にロシアが有する影響力（政治力，経済力，軍事力）と，旧ソ連諸国が有する自立能力（統治力，経済力，外交能力）の双方に注意を向けつつ，地域の動向を追うようにしよう。

演習問題

1．地図を開いて，ウクライナ，ベラルーシ，カザフスタンという国がどのような国に囲まれているか，確認してみよう。
2．統計を利用して，中央アジア諸国と中国の貿易関係を調べてみよう。特に，2000年代後半に起こったその伸びに注目しよう。
3．アメリカのブッシュ政権とオバマ政権が，旧ソ連諸国にとった政策を比べてみよう。

14 ロシアの対外経済関係

横手慎二

《目標＆ポイント》 ロシアは資源輸出国として非常に特徴のある対外経済関係を築いてきた。この点では現在も変わらないが，市場経済への移行とともに対外経済関係の仕組みは大きく変わった。ここでは，こうした対外経済関係の変化がロシアの内政及び対外政策に及ぼした影響を検討する。それぞれの転換点で政治指導者が直面した課題に注目したい。
《キーワード》 エネルギー資源，対外的競争力，政治的課題

1．ソ連時代の対外経済関係

（1）対外経済関係の特徴

ロシアは19世紀のロシア帝国の時代も20世紀のソ連の時代においても，穀物や鉱物資源を輸出し，機械や工業設備を輸入して，その経済を発達させてきた。冷戦期にはアメリカを中心とする西側諸国は，このようなロシアの貿易の特徴を見て，ココム（対共産圏輸出統制委員会）を組織し，ソ連圏諸国に高度な工業技術が渡るのを防ごうとした。

しかし，1970年代に生じた石油価格の高騰でソ連の対外的経済力が飛躍的に増大すると，日本を含む西側諸国はココムの規制に反しない限りで貿易関係を拡大した。このためにソ連と西側諸国間の貿易はかなりの規模に達した。ただしソ連時代の対外経済関係は関連する多くのデータが秘匿されてきたので，その全体像を得るのは今も容易ではない。以下は，イギリスの研究者が，各種の公式資料に基づいてまとめたソ連の西側工業国（フィンランドとOECD諸国）に対する石油（原油と石油

製品）輸出の推移（推定値）である。まず，これを見てみよう。

表14−1　ソ連の西側工業国向け石油輸出の推移

	石油の輸出総量（100万トン）	同輸出額（100万ドル）
1972	39.8	781
1979	58.9	11,156
1980	57.0	14,157
1981	53.5	14,066
1982	69.0	16,592
1983	77.9	17,522
1984	81.4	16,596
1985	67.5	12,692
1986	77.9	7,888
1987	83.8	11,214
1988	95.3	10,537
1989	78.4	10,613

出典：Alan Smith, *Russia and the World Economy*,（London, 1993), p.81.

上の表の中で，1972年（昭和47）から1979年（昭和54）の輸出額の変化が輸出量の変化と対応しないのは，石油ショックで石油価格が大幅に上昇したからである。逆に1986年（昭和61）に輸出量の増大にもかかわらず輸出額が激減したのは，価格が大幅に低下したからである。このような変動はあったが，ソ連の対外経済関係ではエネルギー資源が常に最大の外貨獲得品目であった。

ところで，第二次大戦後のソ連の貿易関係を総体として捉えることを困難にしたのは，ソ連とその友好国との貿易が市場価格に拠らない形でなされていたからでもある。特に冷戦の間は，安全保障の観点から東ヨーロッパの同盟国に対しては，ソ連は国際価格よりも安価にエネルギー資源を供給した（ソ連も東欧諸国の輸出品に対し「友好的対応」を求めた）。1960年代にエネルギー資源の輸送パイプラインが敷設されたことから，両者の経済関係は非常に緊密になった。その後，このパイプラインは西ヨーロッパにまで延伸され，東西貿易の拡大に貢献した。

ソ連の輸出品の中では，エネルギー資源の次に外貨を獲得したのは武器であった。これも正確なデータはないが，1979年から1989年までの期間では，ソ連は同盟関係にない国々への武器輸出も含めて，毎年，数十億ドル程度の外貨を獲得していたと推測されている。しかしこの場合も，ときにソ連指導部は，国際価格よりも政策的判断を優先した。

（2）ゴルバチョフ期の対外債務

ゴルバチョフが書記長として登場した1985年（昭和60）は，上記の表からわかるように，石油価格が下落し，ソ連の外貨事情が急激に悪化し始めた時期であった。表はまた，ゴルバチョフ指導部が少なくとも1988年まで輸出量の増大によって対応したことを示している。当時ゴルバチョフが掲げた「経済の加速化」というスローガンに従って，経済担当官は最新の機械を輸入するよう努めたのである。そのことはまた当然に，輸入額に見合うだけの外貨を石油輸出量の増大によって確保することを余儀なくさせた（武器輸出は簡単には増大できなかった）。しかし，この時期の石油価格の下落はそのような措置で吸収できるレベルのものではなかった。このために，ソ連の外貨事情は急速に悪化していった。

このことは経済的観点から言えば，機械類の輸入を優先するために，外国から購入していた物資（電気製品や果物，肉類など）の輸入を削減する必要を生み出した。その結果，欲しい品物がほとんど店頭に出回らなくなったので，ソ連市民はその分の現金を蓄積していった。要するに，隠れたインフレが進行したのである。

同様に，石油価格の大幅な値下がりは東欧諸国とソ連の関係にも影響を及ぼした。東欧諸国からすれば，ソ連からの石油の引き渡し価格と国際価格の価格差の縮小は，ソ連に石油の供給を要請する必要が低減したことを意味した（当時は，東欧諸国はソ連からの石油は交換通貨ではなく，現物で支払っていたので，ソ連産石油に有難みがまったく無くなったという意味ではなかったが，それでも依存意識が弱まったことは確かだった）。またソ連からすれば，低価格で東欧諸国に石油を提供するのを止めれば，その分をより高い価格で販売できる西側諸国に回すことができた。双方の思惑は，これまでの関係を見直す動きを引き起こした。特にゴルバチョフは，これまでのソ連の保護者的（支配者的）態度を改め，政治的にも経済的にもより対等な関係を構築すべきだと考えた。こうして，ソ連と東欧諸国はこれまでの関係を見直す方向に進んでいった。

また，石油価格の下落はソ連の対外債務を増大させた。未公刊文書を利用したロシアの歴史研究者によれば，その変化は次のようであった。

表14-2　ソ連の対外債務の推移

年	1985	1986	1987	1988	1989	1990	1991
債務額，億＄	272	394	388	408	463	576	522

出典：R.G.Pikhoia, *Sovetskii soiuz：istoriia vlasti, 1945-1991*, Moskva, 1998, p.509.

ここから明らかなように，ゴルバチョフが書記長に就任した時点から辞任するまでに，ソ連の対外債務はほぼ二倍になった。これまで，ソ連がこれほどまでに対外的債務を積み上げたことはなかったので，その財務状況について国際的な関心が高まった。また，確かにこの時期にソ連は，東欧諸国やヴェトナムなどの社会主義国，さらに第三世界の国々に多額の債権を有していたが，こちらの支払いは基本的に交換通貨でなされていなかったので，西側諸国への債務をそれによって相殺することができなかった。要するにソ連としては，東欧諸国やヴェトナムなどの同盟国や友好国との経済関係を，これまでのように維持することが困難になったのである（ソ連を継承したロシアが西側諸国に対する債務を完済したのは，石油価格が高騰した2000年代になってからのことである）。

2. 対外経済関係の転換

（1）1990年代の対外経済関係の変化

1991年（平成3）に成立したロシアも，対外経済関係で苦しい状況に置かれた。第一に，ロシア指導部が目指した経済システムの改革は，しばらくの間，ロシア経済を混乱させた。第二に，ロシアの主要な輸出品である石油は，1990年代になっても国際市場での値下がりが止まらなかった。

このうち第一の問題は，経済全体の市場経済への移行に伴う混乱という意味と，かつてソ連という国家を構成していたウクライナなどが独立することによって生じた混乱と言う二重の意味があった。ロシアとウクライナなどの旧ソ連諸国との関係では，対外経済関係でも国内経済関係でもない状態が暫く続いたのである。

第二の石油価格の問題も劣らず深刻であった。先に指摘したように，ゴルバチョフの統治期に石油価格は急落したのであるが，エリツィンの統治期にはさらに低下し，ロシアの外貨準備を痛撃したのである。

しかしそれでも，ロシアには資源産業以外に外貨獲得産業として経済を牽引する役割を果たせる部門がなかった。冷戦期にはソ連は機械類を東欧諸国などに輸出していたのであるが，そうした商品には対外的競争力がなかったのである。また武器産業も経済システムの変更などで混乱し，低迷状態に陥った。こうして，産業の中で唯一輸出して外貨を獲得することができる資源採取企業が，急速に経済全体を支配するようになり，その経営者たちは経済と政治の両面で大きな影響力を振るうようになった。しかも，彼らの中には稼いだ資金を不正に海外に送金して，外国に資産を蓄積する者まで出てきた。こうして国外へ逃避した資本は，毎年100億ドルを超える規模であったと言われる。

1990年代の対外経済関係の変化としては，各方面で小規模貿易が広がったことも注目された。西はポーランド，南はトルコと，ロシア市民は外国に赴き，国内で入手し難い品物を購入して，それをロシア国内で販売した。ロシアの東部では，こうした担ぎ屋として，ロシア市民ばかりか中国人も活躍した。「計画経済」が機能しなくなる中で，市民は独力で生活を支えざるを得なかったのである。この状態は1990年代の半ばまでに組織化され，ロシア各地の経済を外国の経済と結びつけていった。一時期盛んだった日本との中古車貿易も，こうした小規模貿易の一例である。ハバロフスクなどロシアの極東方面では，中国人が日常生活物資の販売市場で支配的地位を占めるようになった。

こうした対外経済関係全体の変化の中で，貿易相手国はどのように変わったのだろうか。1990年代半ばの時点で見ると，まず目に付くのは貿易相手国の大半がヨーロッパ諸国であったことである。上位20か国を見ると，ドイツ，オランダなどが毎年上位を占めた。これはロシアとヨーロッパの間の経済的補完関係の強さを示している。双方ともに，互いの輸出品を必要としていたのである。言うまでもなく，ロシアの輸出品はエネルギー資源であった。

第二に注目されるのは，ウクライナ，カザフスタン，ベラルーシなどの旧ソ連諸国が，ロシアの貿易相手国として重要な地位を占めるようになったことである。これらの国の経済はソ連時代にロシア経済と深く結合していたので，ソ連圏全体が混乱から立ち直ってくると，自然に貿易額に反映するようになった。

第三に目に付くのは中国の台頭である。中国はロシアの貿易相手国の中で常に十位以内に入るようになった。これは中国が世界貿易の中で急激に台頭していた事実を反映するもので，中国の貿易相手国の中ではロシアの地位はかなり低かった。また日本はソ連時代にはアジア諸国の中で最大の貿易相手国であったのだが，ロシアになってからは貿易が振るわなかった。政府借款に基づく大型貿易が姿を消した結果であった。

（2）2000年以降の対外経済政策

しかし21世紀になると，国際市場においてエネルギー資源が高騰し，ロシアの対外経済関係を取り巻く環境は一変した。アメリカの研究者T. グスタフソンの印象的な表現に従えば，1998年（平成10）から2005年（平成17）までにロシア産の石油の値段はおよそ4倍になり，この流れを受けて関連する設備投資も進み，ロシアの年間石油産出量は同じ期間に1.5倍以上になった。当然，この状態はロシアの貿易に反映し，1998年に744億ドルであった輸出額は，2005年には2,436億ドルにまで増大した。このような経済状況は，ロシアの内政と対外政策にも大きな影響を及ぼしていった。

ロシア政府の対応は，何よりもエネルギー資源を輸送するパイプラインの整備計画に表れた。2004年2月にプーチンが提出した大統領教書は，このことを非常によく示している。彼はそこで，ロシアが抱える課題として，以下のようなプロジェクトに言及した。すなわち，「バルト海パイプライン・システムの輸送能力の拡大」，「西シベリア－バレンツ海の石油パイプラインの稼働」,「東シベリアの鉱床からのルートの決定」,「ボスフォラス海峡・ダーダネルス海峡の迂回」,「[ソ連時代に敷設された]『ドルジバ』石油パイプラインとアドリア海石油パイプラインとの統合」,「北欧ガス・パイプラインの建設」である。プーチンに言わせれば,ロシアは今やこれらの大規模事業によって,経済を躍進させる時期を迎えたのである。確かに,このようなエネルギー資源に基づく経済再建策は,彼が2000年に大統領に就任して以来一貫して進めてきたものだった。

その後,この時プーチンが掲げた目標の一部は実現した。何よりもバルト海の下を通る「北欧ガス・パイプライン」は2011年11月に稼働を開始し,翌年には拡充された。これによりウクライナを通ってヨーロッパに向かうガス・パイプラインへの依存度が低下し,ロシアのウクライナに対する交渉能力を高めた。また,ガス・パイプラインとしては,ブルガリア,セルビア,ギリシアなどを通ってイタリアまでガスを輸送するサウス・パイプラインの建設も2012年に始まった。これは,EU諸国が中央アジアなどの天然ガスを,ロシアを経由せずにヨーロッパ方面に輸送するために計画しているナブッコ・パイプラインの建設を阻止するか,あるいは少なくとも実現を困難にするためのものだった(トルコとの間のパイプラインについては第12章を参照)。

また石油パイプラインについて言えば,上記演説の第一に挙げられたバルト海パイプラインは2009年に拡充工事が始まり,2012年に稼働を開始した。これによりベラルーシ経由の石油輸送管へのロシアの依存度が低下した。第二に,西シベリア-バレンツ海の石油パイプラインは,2010年にようやくロシアとノルウエー間の境界設定協定が締結された段階で,まだ敷設自体が検討段階にある。しかし第三の東シベリアのタイシェットと太平洋沿岸を結ぶ東シベリア・太平洋パイプラインは,

2009年に一部が稼働し始めた。しかも2013年春には，中露両国は今後ロシアからの輸出量を倍増させることで合意しており，順調に推移している。第四のボスフォラス海峡などの迂回路計画と第五の「ドルジバ」をアドリア海にまで延伸する計画は，目下のところ何も進展していない。

ロシア政府のエネルギー政策は以上に留まらなかった。ロシアは，旧ソ連諸国の中でエネルギー資源を有するカザフスタン，トルクメニスタン，アゼルバイジャンの三国に対して，そのエネルギー資源をロシア国内のパイプラインを通して国際市場に出すよう働きかけた。この試みは一部にはロシアの思惑通りに進んだが，前章で述べたように，近年では周辺諸国の進出と旧ソ連諸国の自立化によって阻まれている。これらの国はロシアと友好的関係を維持しつつも，自由な活動の余地を広げようとしているのである。

ところでエネルギー資源の輸出では，2000年代後半になると，別の方策も試みられるようになった。液化天然ガスによる輸出計画である。ロシアは長く液化天然ガス事業に関心を示さず，2009年（平成21）の段階では日本企業が関与したサハリン2でしか行われていなかった。これは1990年代に着工されたもので，途中，製造物分与協定への不満や環境問題のために完成が遅れていたものである。しかしその後，ロシア政府は天然ガスの液化事業についての認識を改め，2010年には「ヤマル半島における液化天然ガス事業開発総合計画」を採択した。また，2013年にはサハリン1でも液化天然ガスを生産することを決め，その輸出をこれらの事業を行う会社が直接に行うことができるようにした。こうした措置は明らかに，シェールガスに対抗する必要に迫られたものである。

3. 対外経済関係の現状

（1）対外経済関係の広がり

ロシアの対外経済関係は21世紀になって急速に拡大した。エネルギー資源の高騰がその主たる原因であるが，それだけではなかった。ソ連時代に盛んだった武器輸出も，次第に復活してきたのである。武器輸出額は2006年（平成18）に64億600万ドル，2010年に103億700万ドルになり，2011年には132億ドル程度まで増大したと推定されている。また，2000年以降，穀物生産も回復し，輸出に回せるようになった。こうした状況を反映してロシアの貿易額は増大し，1998年の通関統計ベースを基準にすると，2008年までに輸出入ともほぼ6倍になった。この結果，ロシアは新興経済国の中でブラジル，インド，中国とともに高度成長が期待される国とみなされるようになり，BRICsという言葉が造られた。

それとともに，貿易相手国にも変化が生じた。第一に，ロシアのAPEC諸国との貿易は2000年にはロシアの全貿易額の15％でしかなかったが，2010年には23.2％にまで比重を高めた。ロシアは急速にアジア地域との経済関係を深めたのである。ロシアが2012年にウラジヴォストークでAPEC首脳会議を主催したのも，こうした状況を反映したものであった。

第二に，EU諸国は一貫してロシアの貿易諸国の中で最大のグループとしてあり続けており，その貿易額も急増した。これはEU諸国による大量のエネルギー資源の輸入と油価の上昇が，大きく貢献した結果であった。しかし，EU諸国がロシアの貿易額の半分を占めるようになったために，2010年に同地域の経済が低迷状態に陥ると，ロシア経済も大打撃を受けた。その後に続くEU経済の低迷は，ロシア経済にも重くのしかかっている。

第三に，CIS諸国との貿易は1996年には貿易額の23％以上であったが，2000年には19％になり，2010年には14.6％まで低下した。この数字は一部には，ロシアがベラルーシおよびカザフスタンと関税同盟をつくったことによって，経済取引の実態が貿易額に反映されていないからかもしれない。しかしそれ以上に，ロシアとCIS諸国の貿易の伸びが国際競争によって抑制された結果である可能性が高い。ロシアの製品は，これらの諸国がロシア以外の国と経済関係を深めるにつれて，厳しい競争に直面しているのである。ロシアは2014年3月に，2015年からユーラシア経済同盟を発足させる条約を締結したが，その展望は決して楽観できる状況にないのである。

以上とは別に，ロシアの対外経済関係の広がりで無視できないのは，ロシア国内の各地域が隣接する他国の経済とこれまで以上に関係を深めている事実である。特にロシアの極東部では，ソ連のときとは異なり，外部経済との結合によって地域経済が機能する状況が見られる。具体的数字に即してこの変化を見ると，まず1995年から2000年までの五年間での極東地域の貿易総額は，通関ベースで42億9,400万ドルから45億3,400万ドルになった程度で，ほとんど変化しなかった。しかし，その後は2004年に76億ドル余りになり，2011年には341億ドル，2012年には363億ドルまで増大した。この間，ロシア極東地域の人口は大きく減少したのであるが，ロシア領極東地域のエネルギー資源の輸出が本格化したことで，貿易額が急増したのである。

この地域の貿易相手国として特に重要なのは，韓国，中国，日本である。韓国はロシア全体の貿易の中では中国，日本に比べるとかなり見劣りするが，ロシア極東部に限れば遜色はなく，2011年と2012年には地域の最大の貿易相手国になった。しかし，言うまでもなく，ロシアの貿易全体の中では中国が圧倒的存在感を示している。中国は2010年の時点で貿易総額593億6,000万ドル余りを記録し，ロシアの国別貿易額で第一位の地位を占めるようになった。特にロシアからのエネルギーと鉱物資源の輸入が突出していると言える。

また，ロシアの極東地域の輸入について見れば，地域の輸入の大部分は「機械，設備，輸送機器」と分類されるもので，明らかに自動車などが中心である。しかし，それ以外にも，「紡織用繊維およびその製品」と「食料品」という項目が総輸入額の10％を超える規模になっている。前者は極東地域での製造・販売を支えているものと思われる。この二つの項目は，地域の経済活動がますますロシア国内の経済よりも外部経済と結びついてきたことを示している。ソ連のときには政府が戦略的理由などから極東地域にさまざまな補助金を出していたが，これが廃止されたことによって，地域経済は東アジア地域と結びつきを深める以外に選択肢がなくなっているのである。

（2）対外経済関係の変化に伴う問題点

エネルギー資源の高騰は，ロシア経済に良い影響ばかりを与えたわけではない。エネルギー資源の輸出に支えられて通貨（ルーブル）の為替レートが高く維持され，製造業の対外的競争力が打撃を受けているのである。これは「オランダ病」と言われる現象である。ロシア国内で製造される電気製品などは国内市場でも競争力を失い，市民は輸入品に向かった。また経済全体がエネルギー資源にばかり依存してモノカルチャー化し，国際市況の動向に影響され易くなったのである。

実際，2008年（平成20）に世界経済危機が生じると，この状態はすぐに否定的影響を及ぼした。ロシアは石油価格の低下をもろに受け，輸出企業が低迷し，これまで好調だった消費までもが落ち込んだ。その後，2009年には石油価格は復調したのであるが，上記のごときヨーロッパ経済の状況もあり，ロシア経済は低調なまま推移している。

こうした状態を受けて，政治指導者たちを経済の抜本的改革を政治的課題として掲げるようになった。2009年にはメドヴェージェフ大統領が，「経済の近代化及び技術発展に関する委員会」を設置し，医療，宇宙，原子力，情報などの分野での高度な技術に基づく経済への転換を目指すようになった。またロシアは長年の交渉を実らせ，2102年8月にはWTO（世界貿易機構）への加盟を実現した。ロシアの指導層は，自国経済を世界経済に統合させることよって，飛躍的に発展させたいと考えているのである。しかし，加盟によってロシアの製造業などはますます対等な競争を強いられるようになるので，一部には不満の声も出ている。

メドヴェージェフ大統領が進めた経済の多角化とイノベーションの推進は，2012年春に大統領に復帰したプーチンにも引き継がれている。プーチンは，ロシア経済の多角化を図るために外国からの投資を増大させようと努めている。この点でプーチンはメドヴェージェフの路線を踏襲しているのである。しかし，これには投資家や企業家の活動を保護するための法秩序の確立や，個人の経済活動の自由の擁護など，国内の政治的経済的改革と経済先進国との友好関係が必要である。

また，経済が対外的競争力のある資源採取部門と，ほとんど競争力のないその他の経済部門に二分された状態は，所得の顕著な格差を生み出している。2000年代の経済全体の底上げで最貧層（最低生活水準以下で暮らす者）はかなり減ったが，経済格差はむしろ拡大している。ロシアの加工産業全体では1998年から2008年までに200万の雇用が失われたと言われており，指導部は優良な産業を生み出すことによって市民の経済格差を縮小するという課題にも直面しているのである。

日本の新聞でもロシアの貿易関係はしばしば取り上げられているが，ヨーロッパ方面と旧ソ連諸国との貿易の情報が乏しいので，ロシアの対外経済関係を理解するためには，貿易統計などを利用して対外経済全体の動向を捉える努力が必要である。

演習問題

1．ロシア領極東地域のどれか一つの州（共和国など）を選び，インターネットを使い，その州でどのような外国企業が活動しているか調べてみよう。

2．ソ連崩壊後20年間の日本とロシアの貿易関係の軌跡を調べ，変化の理由を考えよう。

3．2000年以降のロシアと中国の貿易を調べ，双方が何を他方から輸入しているのか調べてみよう。日露の経済関係との違いが見えてくるだろう。

15 変動後の社会と政治文化

横手慎二

《目標＆ポイント》 ここでは1980年代半ば以降にロシアに導入された政治・経済制度と，それらの制度を生み出した改革に対するロシア人の評価を扱う。国家の経済への関わりや大国の地位などについて，国民の意見や態度がどのように分岐しているのか考えよう。講義全体のまとめとして，政治指導者と国民の関係に注目することが重要である。
《キーワード》 世論調査，政治的態度，政治指導者

1．政治文化の変化

（1）政治文化の定義と世論調査

政治文化は一般に，ある国の国民について，彼らが歴史的経験を通じて身につけた政治に関わる価値観や信条，持続的感情などの総体で，一定期間にわたり政治的態度や見解に影響を与えるものと定義される。この定義からうかがわれるように，政治文化は不変的なものではなく，諸々の事件と必ずしも同時進行しないにしても，さまざまな要因で変わっていくものと理解されている。また，政治制度と政治文化の変化はどちらが先に起こり，他方を結果として起こすのかという問いがしばしば提起されるが，一般的には双方とも原因にも結果にもなると考えられている。当然ながら，一方の変化は他方の変化を伴うことによって定着するのであり，そうでない場合には政治的不安定につながりやすいとされている。

ソ連が「謎の国」とされ，内外の交流が極度に限定されていた時代に

は，その政治文化を明らかにすることは困難な作業であった。この時代には，ロシア文化や歴史の研究者，あるいは特派員のように長くロシア事情を観察してきた人々が，政治文化を解説する役割を果たした。注意深く利用すれば，現在もこうしたアプローチは有効だが，変化の側面を見失う欠陥がある。そこで，ソ連崩壊後により広く利用されるようになったのは社会学的アプローチである。特にソ連崩壊前後から頻繁に世論調査が実施されるようになったので，こうした調査の結果に基づいて，人々の価値観や信条を抽出する作業が広く行われるようになった。

社会学的研究が進むと，改めてソ連時代の民意が注目されるようになった。例えば，1930年代に内務人民委員部などが内部資料として作成した世情報告や，政治指導者に送られた民衆の手紙などを利用して，人々の政治意識や政治的態度を検討する研究が進みつつある。また，ソ連体制でも1960年（昭和35）以降は，非常に限定された形であるが，今日のそれとあまり違わない形で世論調査が実施されていた事実も明らかになった。後者の例では，大衆紙『コムソモーリスカヤ・プラウダ』の中に世論調査研究所が設立され，「人類は戦争を防止することができるか」とか，「生活水準はどのように変化しているか」といった質問を設定し，一般の人々の回答が集計されていたことが知られている。ただしソ連時代には，ソ連共産党は自身が民意を代表して統治していると主張し，世論調査によって彼らの意見と異なる民意が存在すると認定されることを望まなかったので，調査は不安定で，その内容もごく一部の者にしか明かされなかった。

現在のロシアでは，世論調査を専門にする機関が幾つも活動している。「レヴァダ・センター」とか「世論基金」，あるいは「全ロシア世論調査センター」などが代表的であるが，それ以外にも存在する。また，外国の世論調査機関もこうしたロシアの機関の協力を得て，頻繁に世論の調査を行っている。政治権力者が常に世論の動向に注目し，世論調査の結果を操作したいと考えていることは確かだが，現状ではあまりに多くの調査機関が存在し，定期的に多様な項目について調査を公表しているので，長期にわたって調査結果を操作し続けるのは困難である。

(2) 政治制度に対する信頼

ロシアは過去30年ほどの間に急激に政治制度や経済制度を改めたので，政治文化に関連して最も注目されてきた問題は新制度に対する国民の態度である。この点では，1994年（平成6）になされた世論調査の結果が内外に波紋を広げた。それは以下のようなものである。

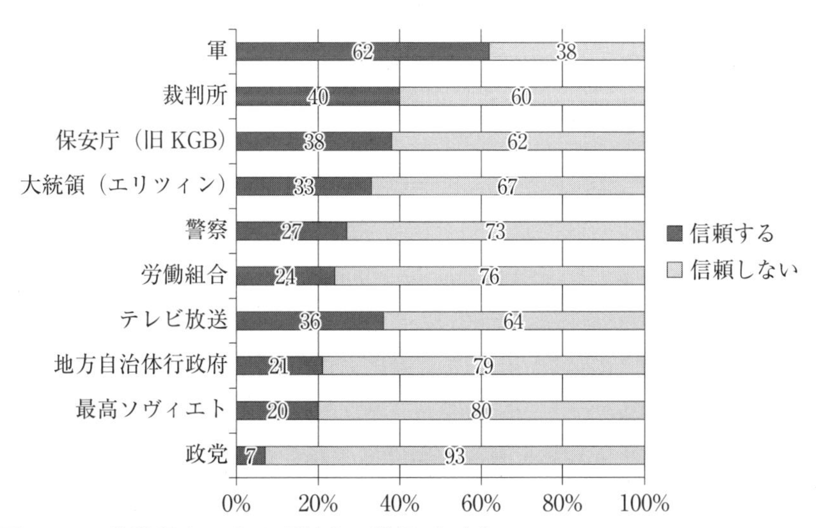

図15-1　世論調査による「制度の評価（%）」
出典：G.Almond, G.P.Powell, *Comparative Politics Today*, 1996, p.399.（順番を変えている）。

ここから明らかなように，この時点では新制度を代表する機関（政党，大統領など）への国民の信頼度は低く，逆に旧体制を代表するような機関（軍，連邦保安庁など）の信頼度が高かったのである。このような状態がその後も続いたのだろうか。2009年にロシアの社会学研究所の学者グループが同様の調査結果を発表しているので，それをここに引用してみよう。

表15-1　国家制度と社会制度に対する信頼度の変化（数字は信頼する者の割合%）

	1998	2004	2008	2009
政党	7	9	13	11
国家会議（下院）	11	19	29	23
連邦会議（上院）	14	21	31	23
ロシア政府	11	32	60	54
テレビ放送	32	31	34	35
労働組合	21	22	23	18
警察（内務省諸機関）	11	12	24	22
大統領	14	70	73	63
司法システム	13	15	21	20
軍	33	42	63	50

出典：Rabochaia gruppa Instituta Sotsiologii, Rossiiskaia povsednevnost' v usloviiakh krizisa：Vzgliad sotsiologov, *Polis*, 2009, n.5, p.98.

二つの調査結果を比較すると，新制度を代表する機関のうちで大統領と政府への信頼が大きく改善したのに対して，政党への信頼が相変わらず極度に低いことがわかる。また，議会制度に対しては，信頼度が高いとは言えないが，それでも改善しつつあるかに見える。さらに1994年に高い信頼を得ていた軍は，現在もかなり信頼されていると言える。

以上からすると，ロシアの人々が本来的に間接民主主義に不信を抱いていると言えないことは明らかである。1990年代には，まだそうした評価を口にする専門家もいたのである。明らかにロシアの人々は，経験を通じて大統領や政府に対する認識を改めたのである。この調査は，人々が新制度を受け容れつつある（言い換えれば，選挙制度を受け容れつつある）ことを示している。しかしそれでもまだ，政治文化が大きく変わり，新制度が制度として定着したと断定するのは危険であろう。人々はプーチンが大統領であった2008年まで，ロシア経済が比較的順調に推移したので，信頼していると答えたのかもしれない。その場合，信頼は個人に向けられていた可能性がある。

プーチンについての評価では，別の調査も注目される。イギリスの研究者R. ローズたちが示したもので，2008年の時点でプーチンが憲法の規定に従い，二期八年を経て，大統領職を別の者に譲らなければならない事態を迎えたときに，ロシアの人々に「憲法でプーチンは三期目の大統領になれません。どうすべきですか」と尋ね，その回答を選択させたものである。

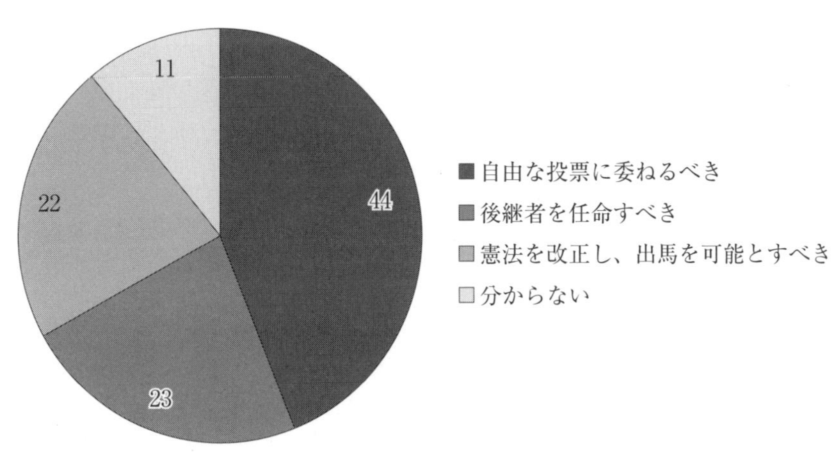

図15-2
出典：R.Rose, W.Mishler&N.Murno, *Popular Support for An Undemocratic Regime,*（Cambridge, 2011）, p.128.（2007年4月に調査実施）。

この調査は，回答者の22 %もの人々が大統領であったプーチンに強い信頼を寄せ，憲法を骨抜きにする選択肢を支持したことを示している。最終的に選挙は実施され，彼が推薦したメドヴェージェフが大統領に選出されたのであるが，この帰結は上記の選択肢では23 %の支持を得た「後継者を任命すべき」と一致する。現在のロシアでは，大統領を選挙で選ぶ制度を維持したいと考えているが，場合によっては，それを形ばかりのものにしても構わないと考える人々の意見が中間的意見として通りやすい状況にあるようである。ここから引き出せる結論は，先に挙げた制度への信頼度調査と同じく，新制度がまったく受けいれられていないというのは正しくないが，それが定着したとも言えないというものである。

2. 政治文化の現状

(1) 体制転換後の改革に対する評価

政治制度に対する以上のような態度は，1991 年（平成3）以降の改革全体に対する態度とどのように関係しているのだろうか。ロシアの成立から20 年以上が経過して，ロシアの研究者はこれまでの改革に対する国民の態度について，さまざまな形で研究成果を示している。そのうちの一つで，2001 年の調査と2011 年4月の調査に基づく研究によれば，2001 年の時点でも，また2011 年の時点でも，ロシア社会は改革の評価をめぐって大きく二分されている。すなわち，改革に不満を抱く者の割合は2001 年では回答者の59 %，2011 年では43 %である。他方で改革を肯定的に評価する者の割合は，前者で28 %，後者で34 %となっている。この結果は，改革を受け入れる者の割合が着実に増えていることを示すのと同時に，20 年経ってもなお，改革を批判する者が多数派であることを示している。

同じ研究によれば，2011年に改革を肯定的に評価しているのは，改革を通じて生活が良くなった者を除けば，大都市に住む者と若い世代，それに高学歴者である。具体的には，モスクワ，サンクトペテルブルクと連邦構成主体の中心都市では支持者は39から41％であるのに対して，僻地ではそれは21から33％でしかない。

また世代別では，18歳から30歳まででは改革を支持する者が支持しない者より多いが，31歳から40歳の世代では両者は拮抗し，41歳以降では不支持者が支持者よりも明白に多い。60歳を超えた世代では，支持者は20％であるのに，不支持者は63％に達している。

さらに学歴についてみると，「一般中等及び下等水準」，「中等専門水準」，「高等，高等未修了水準」に三分すると，顕著に支持者が多いのは「高等・高等未修了水準」の者のみである。「中等専門水準」では，支持者は30％，不支持者は48％となっている。以上の社会経済的指標に基づく調査は，改革による社会の変化に順応した者や順応可能だと思う者と，そうでない者との差を鮮明に示している。また，明らかに大都市では，改革による機会の増大が明瞭に意識されているのである。

この調査結果全体は，前述したように新しい制度に対応した政治的態度がロシア社会に定着していないことを示しているが，さらには，社会の中に対照的な二つ以上の下位文化が生まれていることを示唆している。すなわち，一方では親欧米的改革を受け入れる者が大都市，若者，高学歴層を中心に増えているが，他方では，そうした改革についていけないか，あるいは明確に拒否する者が別の層を構成し，社会の中に並存していると考えられるのである。

上記の研究の中でも，欧米的社会への改革を目指す方向と異なる選択肢が一定程度，支持を集めていると指摘されている。すなわち，政治的な民主主義抜きの市場経済の発展を目指す方向（これを同研究は『中国型』,『チリ型』と読んでいる)と,社会改革はするが,大規模な私有化と市場自由主義を行なわずに社会主義体制の基本を維持する方向である。前者は改革批判者の中の29 %の支持を集め,後者は25 %の支持を集めているという。以上からすれば,ロシア社会の中では,欧米的社会を目標とする層が確実に増えているが,時間とともにこの層が多数派になりつつあると確言できる状態でもないと言えよう(本節での引用数字は以下による。M.K.Gorshkov, N.E.Tikhonova, V.V.Petukhov, Iubrei Rossiiskikh reform:Sotsiologicheskii diagnoz, *Mir Rossii*, 2012, n.1)。

(2)国家の役割

それでは,変化していないロシア国民の政治的態度として,具体的にどのような例が挙げられるだろうか。この点では,第1章で言及したソ連時代の国家と国民の間の社会契約的関係が注目される。すなわち,ロシアの人々は,市場経済の導入後も国家に生活面の庇護を求めていると見られるのである。以下,関連する幾つかの調査結果を示してみよう。

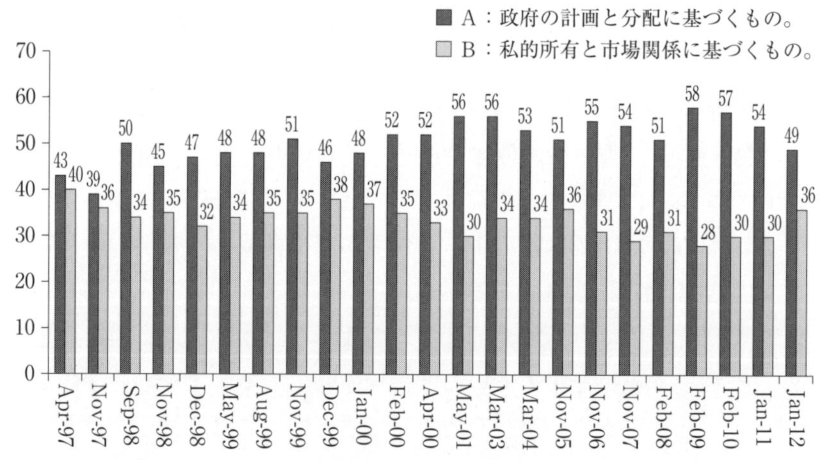

図15-3 あなたは,どちらの経済システムが正しいと考えますか。A:政府の計画と分配に基づくもの。B:私的所有と市場関係に基づくもの。(%)

表15-2　ロシア経済への現在の国家の関与は十分か，不十分か，やり過ぎか。

	2000/8	01/8	06/8	09/8	10/10	11/10
十分だ	13	17	22	24	23	21
不十分だ	67	62	58	59	59	62
やり過ぎだ	3	3	5	3	3	6
回答困難	17	19	15	14	14	12

表15-3　国民の社会的保護についての以下の意見のうち，どれを支持しますか。

A：国家は，すべての市民の通常の福祉水準を確保すべきだ。
B：国家は失業のような困難な状況に陥った全ての市民を助けるべきだ。
C：国家は，年金受給者や身体障害者など，自分の面倒を見ることができない人々に対してのみ社会的保護を与えるべきだ
D：人は自分で自分の面倒をみるべきだ。彼らは自分の生活がまともになるように責任を持つべきで，国家は何の責任も負うべきではない。
E：回答困難

	1999/9	2000/3	04/12	05/12	06/12	08/2	10/12	11/10
A	52	61	54	53	59	61	52	47
B	25	20	23	23	19	18	27	29
C	17	16	17	17	16	17	14	20
D	3	2	4	4	2	2	3	2
E	2	1	2	2	4	2	4	3

出典：Levada Analytical Center, Russian Public Opinion, 2010-2011, Moscow, 2012, p.62, 90, 158.（合計が100を超えても，そのまま記載）

以上の三つの調査結果は，ロシア国民の中のかなりの層が，現在も国家が社会主義時代のように国民の経済生活に深く関与すべきだと考えていることを示している。言い換えれば，ソ連時代に（就労の世話や無料の医療等々として）制度化された国家の役割は，現在も国民の半数ほど

によって「正しい」ものと考えられているのである。この点は，国民に市場経済に適応することを求めたエリツィンに対する社会の評価が厳しく，対照的に，エネルギー資源の高騰で得た資金を利用して，部分的ながらも保護者のごとく振る舞ったプーチンが高い人気を博した事実とよく符合している。上記の結果からすれば，今後もロシアにおいては，経済を個々人に委ね，国家の役割を縮小しようとする政治指導者は，相当の抵抗を社会から受けると考えねばならない。

結局，ソ連時代に育まれた政治文化は消えつつあり，欧米社会に近い政治文化がロシアでも広がりつつあるという解釈は，外部の者の思い込みである可能性が高いのである。同様に，ロシア社会は全体的に欧米化する方向に向かっているのに，プーチン一人がこれを権力的に押しとどめていると評価するのも正しくないだろう。むしろ，彼は社会の保守的多数派の態度を意識して統治する政治指導者だと考えられるのである。

3. 対外政策に関する政治的文化

(1) 大国の地位

次に対外政策に関する政治文化を検討してみよう。11章と12章で述べたように，近代以降のロシアはヨーロッパの大国として，国際舞台で大きな役割を果たしてきた。この傾向は冷戦期には特に顕著で，ソ連はアメリカと並ぶ超大国として大きな影響力を行使した。しかし1991年に成立したロシアは，これと対照的に対外的影響力の行使にあまり関心を示さず，内政重視の姿勢を取った。ところが1990年代後半以降，再び大国としての地位を意識したかのごとく振るまい出した。それでは，この点ついて，国民はどのように受けとめているのだろうか。以下のような調査結果が，この点を考える手掛かりになる。

表15-4　A. ロシアは超大国の地位を回復すべきだと思いますか。

	1999年11月	2011年1月
明確にYes	59	40
ほぼYes	26	38
ほぼNo	6	12
明確にNo	1	2
回答困難	7	7

表15-5　B. 現在のロシアは大国だと思いますか。

	99/3	00/4	01/9	04/3	05/11	06/11	07/11	10/11	11/11
明確にYes	12	20	11	8	7	12	17	16	11
ほぼYes	19	33	29	31	23	31	36	39	36
ほぼNo	34	30	35	42	44	36	31	32	35
明確にNo	31	13	22	15	23	16	11	9	11
回答困難	4	4	3	3	4	5	5	4	6

表15-6　C. どのようなロシアの方が望ましいですか

	03/12	04/4	05/11	06/11	07/11	10/11	11/11
他国が尊敬し，畏怖する大国	43	40	36	36	39	38	42
最も強い国でなくても，高い生活水準の国	54	57	62	62	56	59	53
回答困難	3	3	3	2	5	3	6

出典：Levada Analytical Center, *Russian Public Opinion*, pp.21‐22.

以上の三つの調査結果は，ロシア国民が自国の国際的地位について複雑な思いを抱いていることを示している。Aの調査結果を見れば，国民の圧倒的多数がソ連時代の超大国の地位の復活を願っていると結論できよう。しかしCの調査結果を見ると，彼らの態度はそれほど明瞭ではないことが分る。国際舞台で影響力を発揮する強国になることよりも，ソ連時代になかった高い生活水準を獲得する方が望ましと考える者が，調査の全期間にわたって半数以上いるのである。

国民の態度は，ここでも二つに分かれていると見ることができる。Bの調査結果もこのことを示唆している。ロシアが大国かどうかの評価が，回答者をほぼ二分しているのである。ただし，Bのような項目で調査が続けられていることや，毎回この調査で「回答困難」と答えた者が少ないことから見て，自国が大国であるか否かという問題が国民の大きな関心事であり続けていることは確かである。このことは，今後ロシアが対外関係で周辺諸国と対立状態に陥ったときに，政治指導者が武力対決を回避する方向に動くのか否か，非常に微妙であることを意味する。2008年のロシア＝グルジア戦争のような事態が，今後も起こるかもしれないのである。

（2）ロシアの未来

政治文化の問題として論ずべき最後の論点は，ロシア国民が自国の未来ついて抱く展望である。ロシア国民はソ連時代に共産主義社会の建設を目指すべきだと教えられていた。しかし1980年代半ば以降，指導的地位にあったゴルバチョフとエリツィンは，欧米的な政治・経済制度に学ぶべきものがあるとして大改革を進めた。この後，市場経済システムと，政治思想としての自由主義と個人主義がかなりの国民によって受け容れられた。ロシア社会は大きく変わったのである。にもかかわらず，この動きに対する反発も噴出した。この結果，ロシアの未来の在り方についての社会の認識や態度がまとまっているとは言い難い。言い換えれば，国民の前には，現在も共産主義，欧米的自由主義，そしてそのどちらでもないロシア独自の在り方が選択肢として提示されているのである。以下に，これらの選択肢に対する彼らの態度を示す資料を挙げてみる。

表15-7　A. 将来のロシアの国家のタイプとして，どれを望みますか。

	1999	2008	11	12	13
ソ連型の社会主義国家	15	17	23	22	24
民主的体制と市場経済をもつ西側的な国家	35	32	30	31	33
まったく独自の体制と発展方向を持つ国家	45	39	36	41	33
回答困難	6	11	12	7	10

表15-8　B. ロシアには，どのような民主主義が必要ですか。（一部省略）

	05/6	06/12	07/12	08/6	09/6	10/6	11/7	12/7	13/？
欧米の発展した国のような	24	18	22	20	20	23	23	27	24
昔，ソ連にあったような	16	13	10	13	18	17	16	20	17
民族的伝統と特殊性に適合した独自の	45	48	47	45	39	44	45	38	34
ロシアに民主主義は不要	6	10	7	8	10	7	7	3	8
回答困難	9	11	14	15	14	10	10	12	16

出典：Analiticheskii tsentr Iuriia Levady, *Obshchestvennoe mnenie 2013, Ezhegodnik*, Moskva, 2013, p.36, 38.→ここで05/6は2005年6月を意味する。

上記の二つの調査結果は，ロシア国民が自分たちの国の未来像をめぐって明瞭に対立していることを示している。このうち，ロシアの未来は欧米諸国のようになることだと考える者は，回答者のほぼ三分の一から四分の一を占める。これはかなりの割合だが，多数派ではない。他方，ソ連的な国家への回帰を願う者は明らかに少なく，回答者の四分の一から五分の一である。弱くはないが，多数派になる可能性は乏しい。

以上に対して，差し当たり最も多くの支持を集めているのは独自の在り方を模索する国家という方向である。この選択肢は具体像を提示していないので，このような調査では支持を集め易い。従って，その点は割り引いて考える必要がある。しかしそれでも，常に回答者の三分の一以上によって支持されている事実は無視されてはならない。

結論として，ロシアの国民は経済的に豊かで自由な生活を求めつつも，西側的価値観と独自の価値観，そして，それより少ない程度ではあるが，かつてのソ連時代の価値観の三者の間で揺れ動いているのであり，今後も当分の間，揺れ動き続けるものと考えられる。

長く独自の政治経済体制で暮らしてきたロシアの人々が，欧米諸国の国民と同じような政治文化を持っていると考えるべきではない。社会学的調査などによって，独自の在り方を理解するよう努めよう。政府の行動も政治文化と照らし合わせて考える必要がある。

演習問題

1．上に引用した世論調査の結果などを利用して，政治制度に対する日本人とロシア人の態度の違いを考えてみよう。
2．国民生活における国家の役割について，北欧諸国，アメリカ，ロシアの人々の理解を考えてみよう。その際，「福祉」という概念が，これらの国の人々の間で同一のことを意味しないことに注意しよう。
3．ロシア人の政治文化を育んだ歴史的経験について，歴史書などを読んで学び直してみよう。ここでは，共産主義イデオロギーの信奉ばかりか，モンゴルの支配，イスラム社会との交流，そしてキリスト教の受容など，大きな歴史的文脈で考える必要がある。

◎主要参考文献

〈歴史編〉

①田中陽兒・倉持俊一・和田春樹編『ロシア史』1から3巻，(山川出版社，2006)
②中嶋毅編『新史料で読むロシア史』(山川出版社，2013)
③クラウス・メーネルト（村田碩男訳)『ソビエト人』(毎日新聞社，1960)
④ヘドリック・スミス（高田正純訳)『ロシア人』(時事通信社，1978)
⑤藤田勇『概説ソビエト法』(東京大学出版会，1986)
⑥袴田茂樹『ソ連―誤解をとく25の視角』(中央公論社，1987)
⑦宇多文雄『ソ連，政治権力の構造』(中央公論社，1989)
⑧ミハイル・ヴォスレンスキー（佐久間穆訳)『ノーメンクラツーラ，ソビィエトの支配階級』(中央公論社，1988)
⑨モーシェ・レヴィン（荒田洋訳)『歴史としてのゴルバチョフ』(平凡社，1988)
⑩R.W.デイヴィス（内田健二・中嶋毅訳)『現代ロシアの歴史論争』(岩波書店，1998)
⑪M.ラエフ（石井規衛訳)『ロシア史を読む』(名古屋大学出版会，2001)
⑫アン・アプルボーム（川上洸訳)『グラーグ』(白水社，2006)
⑬アルカージー・ゲルマン，イーゴリ・プレーヴェ（鈴木健夫・半谷史郎訳)『ヴォルガ・ドイツ人』(彩流社，2008)
⑭キャサリン・メリディール（松島芳彦訳)『イワンの戦争』(白水社，2012)
⑮森安達也『近代国家とキリスト教』(平凡社，2002)
⑯岩崎一郎・宇山智彦・小松久男編『現代中央アジア論』(日本評論社，2004)
⑰和田春樹『テロルと改革』(岩波書店，2005)
⑱奥田央編『20世紀ロシア農民史』(社会評論社，2006)
⑲浜由樹子『ユーラシア主義とは何か』(成文社，2010)
⑳高田和夫『ロシア帝国論』(平凡社，2012)

〈政治編〉

①ガブリール・ポポフ（新井康三郎訳)『ロシア改革への闘争』(中央公論社，1995)
②ミハイル・ゴルバチョフ（工藤精一郎・鈴木康雄訳)『ゴルバチョフ回想録』上下巻，(新潮社，1995，1996)

③皆川修吾編『移行期ロシアの政治』(渓水社，1999)
④ナタリア・ゲヴォルクヤン他（高橋則明訳)『プーチン，自らを語る』(扶桑社，2000)
⑤上野俊彦『ポスト共産主義ロシアの政治』(日本国際問題研究所，2001)
⑥皆川修吾『ロシア連邦議会』(淡水社，2002)
⑦山内聡彦『ドキュメント，プーチンのロシア』(NHK出版，2003)。
⑧ボリス・エリツィン（網屋慎哉・桃井健司訳)『ボリス・エリツィン最後の証言』(NCコミュニケーションズ，2004)
⑨横手慎二・上野俊彦編『ロシアの市民意識と政治』(慶應義塾大学出版会，2008)
⑩仙石学・林忠行編『ポスト社会主義期の政治と経済』(北海道大学出版会，2011)
⑪内田明宏編『変わるロシア・ソ連のマスメディア』(インパクト出版会，1993)
⑫飯島一孝『ロシアのメディアと権力』(東洋出版，2009)
⑬塩川伸明『国家の構築と解体』(岩波書店，2007)
⑭塩川伸明『ロシアの連邦制と民族問題』(岩波書店，2007)
⑮廣瀬陽子『コーカサス　国際関係の十字路』(集英社，2008)
⑯アンナ・ポリトコフスカヤ（鍛原多恵子訳)『プーチニズム』(日本放送出版協会，2005)
⑰クライスティア・フリーランド（角田安正・松代助・吉松健二訳)『世紀の売却』(新評論，2005)
⑱アーチー・ブラウン（小泉直美・角田安正訳)『ゴルバチョフ・ファクター』(藤原書店，2008)
⑲ミヒャエル・シュテュルマー（池田嘉郎訳)『プーチンと甦るロシア』(白水社，2009)
⑳佐藤親賢『プーチンの思考－「強いロシア」への選択』(岩波書店，2012)
㉑藤田勇・杉浦一孝編『体制転換期ロシアの法改革』(法律文化社，1998)
㉒森下敏男『現代ロシア憲法体制の展開』(信山社，2001)
㉓小森田秋夫編『現代ロシア法』(東京大学出版会，2003)。
㉔吉井昌彦・溝端佐登史編『現代ロシア経済論』(ミネルヴァ書房，2011)
㉕溝端佐登史編『ロシア近代化の政治経済学』(文理閣，2013)

〈外交編〉

①伊東孝之・木村汎・林忠行『スラブの国際関係』(弘文堂，1995)
②伊東孝之・林忠行編『ポスト冷戦時代のロシア外交』(有信堂，1999)
③エヴゲニー・プリマコフ（鈴木康雄訳）『クレムリンの5000日』(NTT出版，2002)
④松井弘明編『9・11事件以降のロシア外交の新展開』(日本国際問題研究所，2003)
⑤佐藤和雄・駒木明義『検証　日露首脳交渉』(岩波書店，2003)
⑥斉藤元秀『ロシアの外交政策』(勁草書房，2004)
⑦ロデリック・クライン，ストローブ・タルボット，渡辺幸治（長縄忠訳）『プーチンのロシア』(日本経済新聞出版社，2006)
⑧木村汎・袴田茂樹編『アジアに接近するロシア』(北海道大学出版会，2007)
⑨羽場久美子・溝端左登史編『ロシア・拡大EU』(ミネルヴァ書房，2010)
⑩O.A.ウエスタッド（佐々木雄太訳）『グローバル冷戦史』(名古屋大学出版会，2010)
⑪ドミトリー・トレーニン（河東哲夫・湯浅剛・小泉悠訳）『ロシア新戦略』(作品社，2012)
⑫ウオルター・ラフィーバー（平田雅巳・伊藤裕子他訳）『アメリカVSロシア』(芦書房，2012)
⑬ロドリグ・ブレースウェート（河野純治訳）『アフガン侵攻1979－89』(白水社，2013)
⑭田畑伸一郎・末澤恵美編『CIS：旧ソ連空間の再構成』(国際書院，2004)
⑮上垣彰『経済グローバリゼーション下のロシア』(日本評論社，2005)

事項索引

●配列は五十音順。主要関連ページのみ記載。

●な 行

●は 行

●ま 行

●や　行

●ら　行

●わ　行

人名索引

●配列は五十音順。人名，（生年－没年），主要関連ページの順。

分担執筆者紹介

（執筆の章順）

大串　敦（おおぐし・あつし）

・執筆章→3・4

1973年　東京都に生まれる
2005年　グラスゴー大学大学院社会科学研究科博士課程修了
現在　慶應義塾大学准教授・PhD in Politics
専攻　ロシアおよびその他の旧ソ連諸国の政治
主な著書　*The Demise of the Soviet Communist Party*（Routledge）
Post-Communist Transformations : The Countries of Central and Eastern Europe and Russia in Comparative Perspective（共編著 Slavic Research Center, Hokkaido University）
『ポスト社会主義期の政治と経済―旧ソ連・中央党の比較―』（共著，北海道大学出版会）

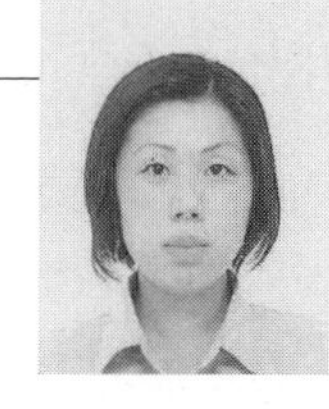

中馬　瑞貴（ちゅうまん・みずき）

・執筆章→7・8

1982年　神奈川県に生まれる
2011年　慶應義塾大学大学院法学研究科政治学専攻単位取得退学
現在　（一社）ロシアNIS貿易会　研究員
専攻　政治学，地域研究（ロシア）
主な著書　The Rise and Fall of Power-Sharing Treaties Between Center and Regions in Post-Soviet Russia, *Demokratizatsiya* Spring 2011（Vol.19, No.2）
『ロシアのことがマンガで3時間でわかる本』（共著，明日香出版社，2014）

編著者紹介

横手　慎二（よこて・しんじ）

・執筆章→1・2・5～15

1950年　東京に生まれる
1974年　東京大学教養学部教養学科卒業
1981年　東京大学大学院　博士課程単位取得退学
現在　慶應義塾大学法学部教授
専攻　ロシア政治外交史
おもな著作『日露戦争史』（中央公論新社，2005）
『現代ロシア政治入門』（慶應義塾大学出版会，2005）
The Russo-Japanese War in Global Perspective, World War Zero, vol.2.，共編著（Brill, Leiden-Boston，2007）
『ロシアの市民意識と政治』共編著（慶應義塾大学出版会，2008）
『スターリン』（中央公論新社，2014）

放送大学教材　1639382-1-1511（ラジオ）

ロシアの政治と外交

発　行　2015年3月20日　第1刷
　　　　2016年1月20日　第2刷
編著者　横手慎二
発行所　一般財団法人　放送大学教育振興会
　　　　〒105-0001　東京都港区虎ノ門1-14-1　郵政福祉琴平ビル
　　　　電話　03（3502）2750

市販用は放送大学教材と同じ内容です。定価はカバーに表示してあります。
落丁本・乱丁本はお取り替えいたします。

Printed in Japan　ISBN978-4-595-31558-9　C1331